Ruth & Torsten Willitzkat

Glücksorte im Siebengebirge

Fahr hin & werd glücklich

D

Dieses

Glücksbuch

ist für

Liebe Glücksuchende,

die großen sieben Berge sind das Herzstück des Siebengebirges. Aber erst die vielen anderen kleinen und großen Orte und Geschichten machen die Faszination aus, die uns nicht mehr loslässt. So vieles gibt es zu entdecken, zu bestaunen und zu genießen, dass uns die Auswahl von 80 Glücksorten nicht leichtfiel. Wir hoffen, dass Sie bei unserer Auswahl genauso Ihr Glück finden, wie wir es schon gefunden haben.

Was uns bei unserer Recherche am meisten gefreut hat, sind die vielen großartigen und netten Menschen, die wir kennenlernen durften. Sie haben uns viel erklärt, Neues beigebracht und gezeigt, was sie an ihrer Heimat lieben. Sie machen all diese Glücksorte zu dem, was sie sind. Sie engagieren sich für die Region und den Erhalt der Natur in einem Maße, vor dem wir nur Respekt haben können. Ob mit oder ohne Wanderschuhe, das Gute liegt meist so nah. Das Siebengebirge ist zu jeder Jahreszeit eine Reise wert und wir laden Sie ein, es genauso ins Herz zu schließen wie wir!

Ihre Ruth & Torsten Willitzkat

Deine Glücksorte ...

1 **Magische Weite**
Die Mauerreste der Löwenburg 8

2 **Voll dufte**
Geruchsexplosion bei Naturseifen Handgemacht 10

3 **Sauerbraten und Waffeln**
Einkehrhaus Waidmannsruh mitten im Naturpark 12

4 **Steinreich**
Treppauf zum Leyberg 14

5 **Drachen aus Keramik**
Die Töpferei Dietz in Königswinter 16

6 **Malerische Erhebung**
Inspiration auf Burg Ockenfels finden 18

7 **Wärme für Körper und Herz**
Schwitzen im Saunapark Siebengebirge 20

8 **Mit Blick aufs Glück**
Beste Aussicht auf die Dollendorfer Weinberge 22

9 **So viel mehr**
Genießen im Eiscafé EisMehr in Heisterbacherrott 24

10 **Wandern mit Alpakas**
Alpaka Village in Bruchhausen 26

11 **Berg für Verliebte**
Der Herzbaum auf dem Asberg 28

12 **In lauen Nächten**
Die Mondscheinwiese bei Königswinter 30

13 **Grenzenlose Freiheit**
Über den Gipfeln des Siebengebirges 32

14 **Verborgene Schätze**
Altbewährter Antikhandel in Vinxel 34

15 **Sumsi mit Po**
Imkerei KALEO siebengold aus Bad Honnef 36

16 **Folge dem großen Strom**
Die Rheinpromenade von Erpel bis Unkel 38

17 **Die Unscheinbare**
Die Wolkenburg bei Königswinter 40

18 **Im Tortenparadies**
Das Café Breuer in Oberkassel 42

19 **Buntes Treiben**
Am Lebkuchenherz naschend über Pützchens Markt 44

20 **Hexenküche am Drachenfels**
Angelas Drachenkräutergärtchen in Königswinter 46

21 **Von Riesen erbaut**
Mit dem Rad auf den Himmerich 48

22 **Pforte zur Ewigkeit**
Die Klosterruine Heisterbach im Heisterbachtal 50

23 **Start ins Glück**
lila – Bridal Couture in Bad Honnef 52

24 **Rheinromantik pur**
Mit dem Schiff über den Fluss 54

25 **Die feine englische Art**
The Little Britain Inn in Kalenborn 56

26 **Mit Weitblick**
Der Skywalk auf der Rabenlay bei Oberkassel 58

27 **Die süßesten Früchte**
Die Streuobstwiese bei Oberdollendorf 60

28 **Hoch zu Ross**
Das Gangpferdezentrum Aegidienberg 62

29 **Berg mit Diplom**
Ein Blick in die Vergangenheit am Weilberg 64

30 **Liebenswerte Bewirtung**
Genuss in der Scheunenwirtschaft in Oelinghoven 66

31 **Die graue Eminenz**
Eselsbrunnen an der Rheinpromenade Königswinter 68

32 **Grünes Glück im Rhein**
Die Insel Grafenwerth in Bad Honnef 70

33 **Übernachtung mit Stil**
Im Schlosshotel Kommende Ramersdorf 72

34 **Kleiner Berg, ganz groß**
Der Drachenfels über Königswinter 74

35 **Solide bedacht**
In der Mäcki Hütte im Mucherwiesental 76

36 **Damals und heute**
Spurensuche im Brückenhofmuseum Oberdollendorf 78

37 **Glückliche Elise**
Kurvenreiches Schmelztal bei Bad Honnef 80

38 **Über Stock und Stein**
Auf dem Rheinsteig durchs Siebengebirge 82

39 **Ein schöner Tag**
Fotos vom Profi aus St. Katharinen 84

40 **Mit dem Schienenbus**
Zu Fuß oder mit dem Zug durch das Kasbachtal 86

… noch mehr Glück für dich

41 **Ganz leicht hoch hinaus**
Großer Ölberg bei Ittenbach 88

42 **Verstecktes Paradies**
Relaxen im Arboretum Park Härle in Oberkassel 90

43 **Lieblicher Gesang**
Romantik pur im Nachtigallental 92

44 **Herbstlicher Jahrmarkt**
Der Martini Markt in Bad Honnef 94

45 **Kaffeekränzchen im Wald**
Zu Gast im Ausflugslokal Milchhäuschen 96

46 **Mehr, als man erwartet**
Das verträumte Örtchen Rheinbreitbach 98

47 **Rote Bäckchen**
Haus Rabenhorst in Unkel 100

48 **Lieblingsplatz**
Der Wäller Blick vom Willscheider Berg 102

49 **Das Märchenschloss**
Schloss Drachenburg in Königswinter 104

50 **Über den sieben Bergen**
Pause machen in der Schneewittchenhütte 106

51 **Traumhafte Aussichten**
Auf der Schaaffhausenkanzel am Korferberg 108

52 **Urige Gemütlichkeit**
Die Alte Brauerei im Kasbachtal 110

53 **Einsam, still und leise**
Der Große Breiberg 112

54 **Was für ein Spectaculum**
Gaukelei auf dem Weihnachtsmarkt in Siegburg 114

55 **Der Beschützer**
Der Nonnenstromberg in Königswinter 116

56 **Der Zauber des Tals**
Naturverbunden durchs Annatal 118

57 **Von der Traube zum Wein**
Das Weingut Blöser in Oberdollendorf 120

58 **Stufen zum Glück**
Der Duft der Blumen in Adenauers Rosengarten 122

59 **Gut angekommen**
Von den Schlümpfen lernen auf dem Geisberg 124

60 **Das Tor zum Siebengebirge**
Auf Entdeckungsreise von der Ittenbacher Skulptur 126

61 **Picknick im Grünen**
Die Burgruine Rosenau bei Königswinter ... 128

62 **Rückzugsort**
Grün schimmernder Dornheckensee bei Ramersdorf ... 130

63 **Dran vorbei statt rauf**
Auf der Bank am Fuß des Hirschbergs ... 132

64 **Schlösser am Zaun**
Ewige Liebe auf der Erpeler Ley ... 134

65 **Der Weg ist das Ziel**
Entlang der Drachenfelsstraße in Königswinter ... 136

66 **Knusprig und lecker**
Der traditionsreiche Fritten Willi in Oberpleis ... 138

67 **Nicht weit vom Stamm**
Äpfel naschen im Obsthof Siebengebirge ... 140

68 **Frühstück mit Tradition**
Das Kaffeehaus Nottebrock in Bad Honnef ... 142

69 **Hüter des Siebengebirges**
Das Forsthaus Lohrberg in Ittenbach ... 144

70 **Wo man sich gerne trifft**
Park Reitersdorf in Bad Honnef ... 146

71 **Der Berg ohne Gipfel**
Drei-Seen-Blick am Lohrberg ... 148

72 **Auf dem Holzweg**
Das Tretschbachtal bei Bad Honnef ... 150

73 **Kräfte sammeln**
Beeindruckende Felsformation am Stenzelberg ... 152

74 **Tierisch glücklich!**
Der Tierschutzverein im Siebengebirge ... 154

75 **Dem Himmel so nah**
Im Biergarten auf dem Petersberg ... 156

76 **Alle Tassen im Schrank**
Die Geschirrbörse Hoffmann in Vettelschoß ... 158

77 **Der kleine Bruder**
Ruhe verströmender Kleiner Ölberg ... 160

78 **Erst mal tief durchatmen**
Auf der Seufzerbrücke ... 162

79 **Blütenzauber**
Die Moderne Blüte in Niederdollendorf ... 164

80 **Spuren der Vergangenheit**
Das Siebengebirgsmuseum in Königswinter ... 166

Magische Weite

1 Die Mauerreste der Löwenburg

Geschafft! Hoch über Buchenwipfeln erstreckt sich die Ruine der einstigen Löwenburg. Die Ruhe, die Besucher auf über 400 Metern Höhe empfängt, lässt den stressigen Alltag augenblicklich vergessen. Die Löwenburg vereint Vergangenes und Gegenwärtiges, als wäre es nie anders gewesen. Die altertümlichen Mauern erinnern an das, was mal war. Und im Hier und Jetzt stellt sich ein Gefühl für die schöne Unvollkommenheit ein, die das bewachsene Grün und die Natur um einen herum zur perfekten Szenerie macht. Informationstafeln an den Mauerüberresten geben einen Einblick in die Geschichte der Burg. Wer sich Zeit nimmt, um sich auf die Mauer der Löwenburg zu setzen, die Gedanken schweifen und mal alles hinter sich zu lassen, wird mit einem weitläufigen und fesselnden Blick auf die Umgebung und das Rheintal belohnt. Die Sonnenuntergänge hier sind traumhaft und sorgen für romantische Stimmung. Weitere Wanderwege um die Burg herum lassen den Ausflug nach oben zu einem atemberaubenden Erlebnis werden.

TIPP

Ein wenig unterhalb der Burgruine kann man im Löwenburger Hof gemütlich einkehren.

Der direkte Weg zum zweitgrößten Berg des Siebengebirges fängt auf dem Parkplatz der Margarethenhöhe an und beginnt relativ leicht. Allerdings hat es gerade das letzte Stück nach oben in sich. Aber wenn man dann endlich durch eine Öffnung in der Mauer den unteren Teil der Burgruine betritt, kommt schon das erste Glücksgefühl auf. Bereits von dieser Stelle aus kann man bis zum Westerwald sehen und einen ersten Blick auf den sich schlängelnden Rhein erhaschen. Über eine Treppe gelangt man zum Aussichtspunkt, an dem in der Mitte ein Baum seinen Schatten auf eine Bank wirft, die zum Durchatmen und Entspannen einlädt.

Die Löwenburg gehört zum Siebengebirge wie der Kölner Dom zu Köln. Selbst hier, wo sich an sonnigen Tagen viele Menschen tummeln, stellt sich ein befreiendes Gefühl ein. Und trotz der Beliebtheit der Löwenburg bei Wanderern und Touristen finden sich immer wieder Momente, in denen man allein den Weg hoch zur Burgruine wandert.

- Burgruine Löwenburg, 53604 Bad Honnef
- ÖPNV: Haltestelle Königswinter Margarethenhöhe, ca. 3 Kilometer Fußweg

Voll dufte

2 Geruchsexplosion bei Naturseifen Handgemacht

„Riech mal!“ Ein Duft steigt in die Nase und ein „Mmh“ folgt sogleich. Der angenehme Geruch umstreift einen schon, da hat man den Eingang zur Manufaktur Naturseifen Handgemacht noch gar nicht ganz erreicht. Es sind behagliche Düfte, die in der Luft liegen. Folgt man für die letzten Meter nur seiner Nase, steht man in einem kleinen schnuckeligen Laden. Jedes Herz schlägt höher, wenn es in das gut sortierte und wohlriechende Geschäft kommt. Wo man auch hinschaut, alles ist liebevoll dekoriert und die Seifen sind dem Ambiente und der Jahreszeit entsprechend verpackt.

Seit nun 14 Jahren führt Helga Kurtenbach diese besondere und einzigartige Manufaktur in Aegidienberg. Alle Seifen und Körperpflegeprodukte sind nach ihren eigenen Ideen und Rezepten mit Liebe und Sorgfalt hergestellt. Bei den Seifen kommen Schafsmilch, Stutenmilch und Olivenöl zum Einsatz. Die passende Duftnote erhalten sie durch hochwertige ätherische Öle. Jedes Seifenstück wird von Hand geschnitten und mit einer schicken Banderole aus Papier versehen. Auch die Körperlotionen, Deo- und Gesichtscremes, Lippenpflege, Badezusätze und Shampoos stammen aus eigener händischer Produktion. Dabei wird auf qualitativ hochwertige, natürliche und tierversuchsfreie Inhaltsstoffe und Düfte zurückgegriffen. Das umfangreiche Sortiment bietet für jede Duftnase das passende Produkt.

TIPP

Es gibt eine Glückstüte mit Seife und anderen glücklich machenden Produkten.

Das Wohlbefinden ihrer Kundschaft liegt Frau Kurtenbach sehr am Herzen und sie berät in allen Fragen rund um Seifen, Cremes und Lotionen. Nicht nur ihre Produkte bringen den Menschen Freude, sondern auch ihr kleiner Laden selbst. Von einer Kundin erzählt sie, dass diese sehr gerne zu ihr kommt, um dem Stress und der Hektik des Alltags mal für ein halbes Stündchen zu entfliehen. Hier kann sie für kurze Zeit entspannen. Eine Wohlfühloase nicht nur für die Nase, sondern auch für alle anderen Sinne.

Es ist voll dufte, also richtig gut, das Glück in diesem schmucken Geschäft zu suchen und zu finden. Auf eine glückliche Nase!

● Manufaktur Naturseifen Handgemacht, Aegidiusplatz 9, 53604 Bad Honnef-Aegidienberg, Tel. (0 22 24) 98 16 94
www.naturseifen-handgemacht.de
● ÖPNV: Haltestelle Aegidiusplatz

handgemachte Schafmilchseife
handgemachte Schafmilchseife
"Gartenrose"
"Naturseifen handgemacht"
Inh. Helga Kurtenbach
Aegidiusplatz 9 53604 Bad Honnef
02224/981694
kontakt@naturseifen-handgemacht.de
www.naturseifen-handgemacht.de
Gefertigt: 21.02.2022 Chargen-Nr. 3589
Mindestens haltbar bis 04.04.2025
handgemachte Schafmilchseife
"Gartenrose"
Chargen-Nr. 3589
Mindestens haltbar bis 04.04.2025
Handgemachte Schafsmilchseife

Sauerbraten und Waffeln

3

Einkehrhaus Waidmannsruh mitten im Naturpark

Was gibt es Schöneres für Wanderer, als nach einer ausgiebigen Tour den Rucksack abzusetzen und sich an einem schattigen Plätzchen auszuruhen? Wenn dann noch Hunger und Durst gestillt werden, stellt sich genau das entspannte Gefühl von Zufriedenheit und innerer Ruhe ein, welches man im Alltag nur zu oft vermisst. Ein solcher Ort des Pausemachens ist das Einkehrhaus Waidmannsruh.

Mitten im Naturpark Siebengebirge liegend wird dieses urige und einladende Restaurant nun schon in vierter Generation geführt. Jede Generation hat es mit Leidenschaft und auch viel Liebe geschafft, das Gute und Bekannte zu erhalten und dennoch mit der Zeit und den damit verbundenen Änderungen zu gehen. So wurde über fast 100 Jahre das Einkehrhaus zu dem gemacht, was es heute ist.

TIPP

Beim weihnachtlichen Gänseessen wird die Gans am Tisch tranchiert.

Dem jetzigen Inhaber Daniel Grewe erkennt man am Strahlen in den Augen an, dass er mit Leib und Seele seiner Familientradition und der Geschichte des Hauses verbunden ist. Als gelernter Koch liegt ihm die Kulinarik besonders am Herzen. Und so werden nicht nur hungrige Wanderer mit gutbürgerlicher Küche und selbst gemachtem Kuchen beglückt, sondern er organisiert auch Hochzeiten, Geburtstage und Betriebsausflüge. Sein berühmter Sauerbraten, frische Waffeln oder der Pflaumenkuchen nach altem Familienrezept der Großmutter lassen auch Stammgäste von außerhalb der Region den Weg ins Einkehrhaus finden. Die Speisekarte wird saisonal gestaltet und es kann das ganze Jahr über eingekehrt werden. Allerdings kann man nicht einfach mit dem Auto drauflosfahren. Das Einkehrhaus ist nur zu Fuß, beispielsweise vom Parkplatz Stenzelberg über den Mantelweg, zu erreichen. Dort angekommen, spürt man, dass das Team aus Familie und Kollegen seiner Berufung nachgeht. Somit machen nicht nur die leckeren Gerichte und die einzigartige Location, sondern hauptsächlich die Menschen im Einkehrhaus dieses Restaurant zu einem Glücksort, an dem die rheinische Herzlichkeit ihr Zuhause hat.

- Einkehrhaus Waidmannsruh, Rosenau 13, 53639 Königswinter, Tel. (0 22 23) 2 45 20, www.einkehrhaus-waidmannsruh.com
- ÖPNV: Haltestelle Verschönerungsweg, ca. 1 Kilometer Fußweg

EINKEHRHAUS
Waidmannsruh
Gaffel Kölsch
Gaffel Kölsch

Steinreich

4 Treppauf zum Leyberg

Wie viele Berge hat das Siebengebirge? Waren das nicht sieben? Nein, so einfach ist es natürlich nicht. Es sind mehr als 50 Berge und Anhöhen. Fast alle der vielen Berge und Hügel in der Region haben ihren eigenen Zauber. Insbesondere der Leyberg gehört dazu. Er ist 359 Meter hoch und zählt zu den reizvollsten und auch spektakulärsten seiner Zunft. Ihn nicht zu erwähnen, wäre nicht fair, denn er ist für sich genommen ein Ort, den man im Siebengebirge gesehen haben sollte. Genug gebauchpinselt, natürlich gibt es mehr über ihn zu erfahren, außer dass er großartig ist.

Der Leyberg liegt im Süden des Siebengebirges und kann unter anderem von der Jugendherberge in Bad Honnef-Selhof aus in Angriff genommen werden. Nach wenigen Hundert Metern führt der Wanderweg auf dem Rheinsteig durch Wald und Wiese zunächst zu einem großen Waldrastplatz, hier stand einst die Barbarahütte. Schon am Fuße des Bergs erkennt man seine Besonderheit: Der gesamte Hang ist übersät mit kleinen und großen Steinen und Basaltblöcken, alles Überbleibsel aus der Zeit, als hier am Berg noch Basaltsteine abgebaut und auf sogenannten Bremsbahnen ins Tal transportiert wurden. Der schmale, steile Pfad zum Gipfel ist mit etwas Kraxelei verbunden und führt auf den letzten Metern über eine beinahe natürliche Felstreppe. Hier ist festes Schuhwerk und Trittsicherheit ratsam. Auf dem kegelförmigen Basaltgipfel angekommen, kann man die Früchte seiner Mühen ernten. Als Lohn erhält man einen stimmungsvollen Rundumblick über die umgebenden Berge, das Rheintal und bis nach Bonn. Für ein idyllisches Picknick kann man zwar auf den beiden vorhandenen Bänken Platz nehmen, aber für eine Extraportion Seelennahrung setzt man sich direkt auf den schroffen Felsen und lässt die Weite auf sich wirken.

Wichtig, und das gilt für jeden Berg: Nicht einfach hoch und runter laufen, das Glück liegt nicht immer auf dem Gipfel, dort ist es nur leichter zu finden.

TIPP

Das „Auge Gottes", ein kapellenähnlicher Bildstock, liegt nicht weit entfernt.

- Leyberg, 53604 Bad Honnef
- ÖPNV: Haltestelle St. Martinskapelle, ca. 3 Kilometer Fußweg

Drachen aus Keramik

5 Die Töpferei Dietz in Königswinter

Die einladende Dekoration im Schaufenster und ein 8 Meter langer Drache an der Wand über dem Eingang lassen erahnen, dass dieser Töpfereibetrieb etwas ganz Besonderes ist. Zu entdecken ist der kleine süße Laden im historischen Königswinter, direkt an der Rheinpromenade. Beim Betreten taucht man in eine mystische Welt ein, die sehr gut zum Siebengebirge passt. Begrüßt wird man von einem Drachen, der in einem außergewöhnlich gestalteten Brunnen sitzt und sogar Feuer speien kann. Die Faszination von Inhaberin Veronika Dietz für Drachen, die Geschichten um diese Fabelwesen und alles rund um das Siebengebirge spiegeln sich als Hauptmotiv auf den Tassen, Tellern, Teekannen, Weinbechern und vielem mehr wider.

Alle Teile entstehen in detaillierter Handarbeit. „Es ist jedes Mal aufregend, was zum Schluss rauskommt, jedes Stück ist einzigartig“, erläutert Frau Dietz. Ihre Werkstatt befindet sich im hinteren Bereich, wo der Ton in Form gebracht wird und durch Farbe und Glasur seinen letzten Schliff bekommt. Die gefertigten Stücke werden anschließend im 1250 Grad heißen Ofen gebrannt. Geführt wird der seit 55 Jahren bestehende Familienbetrieb von Keramikmeisterin Dietz in zweiter Generation. Im Jahr 2003 hat sie den elterlichen Betrieb übernommen und findet tatkräftige Unterstützung bei ihrer Familie und ihrem Team.

TIPP

Wer einmal selbst das Töpfern ausprobieren möchte, kann sich zu einem Kurs anmelden.

Durch Stammkunden, Vereine und Touristen kommen verschiedenartige Aufträge herein. „Es ist und bleibt immer wieder spannend und bereitet ein Glücksgefühl, anderen durch dieses Handwerk Freude zu bereiten“, erklärt sie. Auf Anfrage werden auch realisierbare Wünsche nach Vorgabe der Kunden angefertigt. Diese besonderen Erinnerungsstücke, die widerstandsfähig, langlebig und einzigartig sind, sollte man aber nicht in einer Vitrine verstauben lassen. Das, was in dieser Töpferei entsteht, will angefasst und benutzt werden.

Das Glück ist zum Mitnehmen nah.

● Töpferei Dietz, Rheinallee 17, 53639 Königswinter, Tel. (0 22 23) 2 32 02
www.toepferei-dietz.de
● ÖPNV: Haltestelle Clemens-August-Straße

Malerische Erhebung

6 Inspiration auf Burg Ockenfels finden

Malerisch ist der Anblick, der sich bietet, wenn man die Anhöhe der Burg Ockenfels erreicht hat und hinunter zum sich windenden Fluss schaut. Friedlich fließt der Rhein in seinem Bett, Schmetterlinge flattern um einen herum und man versucht, dieses Bild in sich aufzunehmen. Wer jetzt eine Staffelei, Pinsel und Farbe dabeihat, könnte diese Einzigartigkeit auf Leinwand festhalten. Klar, ein Fotoapparat tut es auch, aber ein selbst gemaltes Bild wäre dieser Aussicht viel würdiger. Vorausgesetzt natürlich, man besitzt zumindest minimales künstlerisches Talent.

Verbunden mit einer Wanderung oder einem ausgedehnten Spaziergang ist der Weg zur Burg Ockenfels ein empfehlenswertes Ziel. Die Burg sieht schon von unten betrachtet eindrucksvoll und romantisch aus. Zu besichtigen ist sie nicht, da sie nach vielen Besitzerwechseln derzeit Präsentations- und Verwaltungssitz eines bekannten Schuhherstellers geworden ist. Nichtsdestotrotz ist sie ein Hingucker und oben auf der Anhöhe ist es die bezaubernde Aussicht, die einem den Aufstieg allemal entlohnt. Man kommt auch direkt hier vorbei, wenn man auf dem Rheinsteig von Unkel nach Leubsdorf auf gewundenen Wanderwegen unterwegs ist. Dabei passiert man saftige Wiesen, grasende Pferde und Obstbäume.

TIPP

Nach Linz am Rhein geht es von der Burg nur noch bergab. Zeit, die verträumte Innenstadt zu erkunden.

Von einer Bank aus, die sich als gemütlich erweist, lassen sich zwischen Sträuchern bereits erste Blicke ins Rheintal erhaschen. Wenige Schritte weiter öffnet sich der komplette Ausblick in die Weite und das Tal, die Burg ist schon in Sichtweite. Die gesuchte Erholung findet man hier sicherlich. Es ist friedvoll und bis auf ein paar Vögel, die zwitschern, ist es wundervoll ruhig. Durchatmen, sich Zeit nehmen und nicht sofort weitergehen, lautet die Devise. Der Alltag und der Rest der Welt scheinen für den Moment in ganz weiter Ferne. Der ideale Augenblick, um seinen Malkasten rauszuholen und die Inspiration in sich zu spüren. Vielleicht entsteht ja das nächste Meisterwerk.

- Burg Ockenfels, Burgstraße 13, 53545 Ockenfels
- ÖPNV: Bahnhof Linz (Rhein), ca. 1,5 Kilometer Fußweg

Wärme für Körper und Herz

7

Schwitzen im Saunapark Siebengebirge

Wasser zischt auf heißen Steinen und wohlriechender Dampf macht sich im Raum breit. Sitzend oder liegend genießt man die wohlige Wärme. Man kommt ganz schön ins Schwitzen, doch das ist gewollt. Schließlich befinden wir uns im Saunapark Siebengebirge. Wohltuend für den Körper und entspannend für den Geist, genießt man das gute Gefühl, sich selbst mal etwas Schönes zu gönnen. Dafür ist Saunieren genau das Richtige. Die eigene Person zu verwöhnen, sollte nie zu kurz kommen.

Ein Sauna- oder Wellnesstag fördert die Gesundheit. Mit sechs Saunen, einem Dampfbad und einer wunderschönen, gepflegten Außenanlage wird einem das Ausruhen hier mehr als leicht gemacht. Mit einer kosmetischen Behandlung oder Wellnessmassage kann man den Tag zusätzlich bereichern. Für die Saunagänge werden verschiedene Aufgüsse angeboten, Früchteeis-Aufguss, Carpe-Diem-Aufguss oder auch Mentholkristall-Aufguss, um nur ein paar zu nennen. Es finden pro Tag circa 30 bis 35 Aufgüsse statt, ein großes Angebot, bei dem für jeden Geschmack etwas dabei ist. Mit Bedacht auf die Gesundheit der Gäste werden für die Aufgüsse nur naturreine Öle oder Saunadüfte verwendet, die Wohlgefühl durch Aromen schaffen. Stilvoll gestaltete Ruheräume und der Sole-Raum sorgen für zusätzliche Entspannung zwischen den Saunagängen. Dem kulinarischen Genuss dient das gemütliche Restaurant mit einem weitreichenden Blick in den hübsch angelegten Saunagarten. Mit köstlichen regionalen, mediterranen und frischen Speisen lädt es zu einer appetitlichen Pause zwischen den Saunagängen ein.

Familie Rösgen führt den Saunapark nun in zweiter Generation und das Wohlbefinden ihrer Gäste steht bei ihr an oberster Stelle. Vor allem die in der ganzen Anlage spürbare familiäre und gastfreundliche Atmosphäre trägt dazu bei, dass man gerne wiederkommt und sich auf eine weitere Auszeit freuen kann.

TIPP

Einmal im Monat wird die Saunanacht mit einer größeren Auswahl an speziellen Aufgüssen angeboten.

- Saunapark Siebengebirge, Dollendorfer Straße 106–110, 53639 Königswinter-Oberpleis, Tel. (0 22 44) 9 21 70 www.saunapark-siebengebirge.de
- ÖPNV: Haltestelle Freizeitzentrum

Mit Blick aufs Glück

8 Beste Aussicht auf die Dollendorfer Weinberge

Wo kommt er eigentlich her, der Wein, der uns bei einem wohlschmeckenden Abendessen mit guten Freunden schon so manchen Glücksmoment verschafft hat? Beim Aussichtspunkt Hülle bekommt man davon zumindest eine Ahnung. Er liegt oberhalb der Oberdollendorfer Weinberge und ist das Highlight des Weinwanderwegs. Von hier aus schweift der Blick über die unendlichen Weiten des Siebengebirges, die tieferliegenden Ortschaften, den Rheinlauf, die Stadt Bonn und natürlich über die in der Sonne strahlenden Weinreben. Es heißt, die Hülle gehört zum Weinort Oberdollendorf wie die Traube zum Rebstock. Hier oben hat man schon den Großteil der Rundtour hinter sich gebracht und sollte viel Zeit für eine Rast einplanen. Wer höher hinauf möchte, kann die Wanderung unterbrechen und weiter zur Dollendorfer Hardt aufsteigen.

TIPP

In der Region finden in vielen Orten im Herbst Weinfeste statt. Ideal, um sich mal durchzuprobieren.

Der Weinwanderweg selbst ist ein Rundweg, der von Oberdollendorf an den Weinlagen Laurentiusberg, Rosenhügel und Sülzenberg vorbeiführt. Durch Infotafeln, die man entlang des Wegs immer wieder entdeckt, bekommt man Wissenswertes und Interessantes zum Weinbau zu lesen. Genießerisch wandert man mit Füßen und Augen durch die gepflegten Lagen des Weinbergs. Immer mal wieder sollte man kurz innehalten, sich umschauen und die Atmosphäre des Bergs in sich aufnehmen. Die Geschichte rund um den Wein ist allgegenwärtig. Seit über 1000 Jahren wird hier Weinbau betrieben und der 2,2 Kilometer lange Rundwanderweg eröffnet einem nicht nur die Schönheit des Rheintals, sondern auch, wie viel Gutes und Traditionelles in einem Glas Wein stecken. Während der Wanderung durch die sonnendurchfluteten Lagen freut man sich auf die eine oder andere leckere Weinsorte, die hier reift und geerntet wird. Hat man Oberdollendorf wieder erreicht, lohnt es sich, in einem der gemütlichen Weinstübchen den Wein aus der erwanderten Region zu probieren. Mit einer leckeren Mahlzeit lässt man den Weg noch mal auf sich wirken und genießt den Abschluss einer erholsamen Tour.

- Aussichtspunkt Hülle, 53639 Königswinter-Oberdollendorf
- ÖPNV: Haltestelle Oberdollendorf Mitte, ca. 1 Kilometer Fußweg

So viel mehr

9 Genießen im Eiscafé EisMehr in Heisterbacherrott

Was waren das für Glücksgefühle früher, wenn man als Kind an der Eistheke stand und sich aus all den Eissorten zwei Kugeln auswählen durfte? Wie selig war man, wenn man das Eis in der knusprigen Waffel endlich in den Händen hielt? Und wie groß war die Vorfreude auf das nächste Mal, sobald man die Leckerei wieder viel zu schnell verputzt hatte?

Diese kindliche Freude, die vielen über die Jahre verloren ging, und das damit verbundene Glücksgefühl stellen sich wieder ein, wenn man die Eisdiele EisCafé EisMehr von Grit Beyreuther betritt. Hier im beschaulichen Heisterbacherrott kommt jeder auf seine Naschkosten. Seit 2017 steht die Inhaberin jeden Tag ihre Frau, um für ihre Kunden da zu sein. Das Eis wird noch frisch im Laden selbst gemacht. Gemütliche Sitzgelegenheiten geben einem die Möglichkeit, das Eis sowohl drinnen als auch draußen auf der Terrasse zu genießen. Klassische Sorten wie Erdbeere, Vanille, Schokolade, Stracciatella und Amarena ebenso wie speziellere Schmankerl wie beispielsweise Mozartkugel, Grüner Apfel oder Omas Apfelkuchen machen die Wahl nicht leicht. Hinzu kommen zahlreiche Bechervariationen wie Früchtebecher, After-Eight-Becher oder Cookie-Becher. In der kälteren Jahreszeit sind die heißen Waffeln sehr begehrt. Ob mit Puderzucker oder, wie für eine Eisdiele passend, mit einer zusätzlichen Kugel Eis garniert, bleibt dabei jedem selbst überlassen. Das Eiscafé ist ein beliebter Treffpunkt für Jung und Alt aus dem Ort und der Umgebung und gleichzeitig der perfekte Ort, um sich nach einer Wanderung noch eine Portion Glück in der Waffel auf der Zunge zergehen zu lassen. In der Winterpause nur wenige Tage geschlossen, ist die Eisdiele ab Ende Januar schon wieder da, um uns den Rest des Jahres mit kühlen Träumen aus Eiscreme zu versüßen. Es ist ein großes Glück für alle, dass es diesen Ort gibt, der die Kinder und das kindliche Herz der Erwachsenen so sehr erfreut.

TIPP

Das benachbarte Haus Schlesien mit angrenzendem Park ist auch einen Besuch wert.

● Eiscafé EisMehr, Dollendorfer Straße 400, 53639 Königswinter-Heisterbacherrott, Tel. (0 22 44) 9 08 98 13, www.eismehr.com

● ÖPNV: Haltestelle Haus Schlesien

EisMehr

Wandern mit Alpakas

10 Alpaka Village in Bruchhausen

Ja. Alpakas spucken. Aber nur, wenn sie sich bedroht fühlen. Sollte man also bei einer Tour durch das Siebengebirge auf diese wundervollen Tiere treffen, muss man sich erstens nicht fürchten und zweitens nicht wundern. Sie sind mit Sicherheit Teil einer Wandergruppe. Solche Alpakawanderungen bietet Stefan Heinrichs an, der die Einzigartigkeit dieser Tiere erkannt hat.

Mit Hühnern und einem selbst gebauten Hühnermobil fing es an. Der Geflügelhof Heinrichs wuchs stetig und die Zahl der Hühner nahm zu. Damit sie unbeschwert gackern und umherlaufen konnten, kam auch die Frage auf, wie sie am besten vor den natürlichen Feinden Fuchs, Marder und Greifvogel geschützt werden könnten. Es stellte sich heraus, dass Alpakas aufgrund ihrer aufmerksamen Art sehr gute „Wachhunde“ und Beschützer sind. Aber nicht nur die Hühner konnten nun entspannter auf Futtersuche gehen, sondern auch die Menschen profitierten von der beruhigenden Anwesenheit der mitfühlenden Alpakas. Mit ihrem Einfühlungsvermögen bemerken sie sofort, wenn es uns nicht gut geht. Diese Charaktereigenschaft der Alpakas kennt man auch von Delfinen. Stefan Heinrichs nennt sie deshalb liebevoll „die Delfine der Berge“!

Für Unternehmen, Gruppen und Privatkunden bietet er Trainings und Seminare an, um aus der Hektik des Alltags zu entfliehen und wieder zu sich selbst zu finden. Als ausgebildeter Coach bringt er so Mensch und Tier zusammen und hilft damit, zu einem inneren Gleichgewicht zu gelangen und Stress und stressbedingten Erkrankungen vorzubeugen. Weiterhin führt Familie Heinrichs einen kleinen Hofladen, in dem es natürlich Eier, Nudeln, Suppenhühner, Kartoffeln, Obst, Gemüse und Honig sowie aus der Wolle der Alpakas gefertigte Produkte gibt, die man wärmstens empfehlen kann. Der Laden ist rund um die Uhr zur Selbstbedienung geöffnet.

Als Erlebnishof werden noch viele weitere Aktivitäten angeboten. Von Planwagenfahrten und Kindergeburtstagen über Grillseminare – für jeden dürfte etwas dabei sein.

TIPP

Bei einer Übernachtung auf dem Bauernhof können die großartigen Angebote hautnah miterlebt werden.

- Alpaka Village am Geflügelhof Heinrichs, Im Born 28, 53572 Bruchhausen, Tel. (0 22 24) 9 87 01 40, www.derhuehnerbaron.de
- ÖPNV: Haltestelle Kirche

Berg für Verliebte

11 Der Herzbaum auf dem Asberg

Der Asberg ist ein persönlicher Favorit und Geheimtipp unter den kleineren Bergen im Siebengebirge. Er befindet sich am südlichsten Ende der Region, gehört aber mit seinen 441 Metern sogar zu den höheren Bergen. Und er bietet alles, was man für einen kurzen Moment der Entspannung im Siebengebirge braucht: gute Parkmöglichkeiten, einen kurzen, aber interessanten Aufstieg, einen Rundweg um den Berg und natürlich eine herrliche Aussicht mit Bank zum Ausruhen. Und als Extra sogar noch – fast wie bei den großen Bergen in den Alpen – ein Gipfelkreuz mit einem Gipfelbuch zum Eintragen.
Dieses Zusammenspiel hat wohl vor einigen Jahren ein verliebtes Pärchen dazu bewogen, sein Glück für die Ewigkeit festzuhalten. Wer darauf achtet, entdeckt kurz vor dem Gipfel vielleicht den Baum, in dem ein eingeritztes Herz noch immer von der Liebe der beiden zeugt.
Als Ausgangspunkt für einen Trip auf den Asberg ist der Parkplatz an der Asbacher Straße hervorragend geeignet. Auf einem geschotterten Weg läuft man quasi gerade auf den Berg zu, biegt dann einmal links und wieder rechts ab und folgt dem kleinen Pfad zum Gipfel. Ein etwas unterhalb liegender Basaltsee ist einen erholsamen Blick und eine kleine Verschnaufpause wert.
Für eine längere Tour eignet sich der Asberg auch als guter Einstieg in das Siebengebirge. Von hier aus kann man sehr gut beispielsweise zum „Auge Gottes“, Leyberg oder Himmerich wandern. Dabei werden dann auch noch alle, die das Geocaching lieben, mit dem ein oder anderen auf dem Weg liegenden Geocache im gesamten Siebengebirge belohnt. Geocoaching ist eine GPS-gesteuerte und moderne Art der Schatzsuche. Die Möglichkeiten, seine Wandertouren hier zu kombinieren, sind schier unbegrenzt.
Ein Vorschlag für eine Tagestour: Startpunkt am Bahnhof Linz am Rhein, Fahrt mit der Kasbachtalbahn zum Bahnhof Kalenborn, Besuch des The Little Britain Inn direkt gegenüber, Wanderung auf den Asberg, Rückfahrt mit der Bahn zur Brauerei Steffens mit Einkehr dort und dann weiter zurück zum Ausgangspunkt.

TIPP

Der Parkplatz am Schnittpunkt der L 252 mit der L 253 in Kalenborn ist der ideale Tourstartpunkt.

● Asberg, 53572 Unkel
● ÖPNV: Haltestelle Vettelschoß-Kalenborn Kirche, ca. 2,5 Kilometer Fußweg

In lauen Nächten

12 Die Mondscheinwiese bei Königswinter

An diesem mysteriösen Ort, der im Sommer so herrlich grün und im Winter so bezaubernd weiß daherkommt, ist nichts Gruseliges zu finden. Wenn der Vollmond am Himmel steht, heulen dort keine Werwölfe, sondern es geht eher idyllisch zu. Im Schein des Mondes bei sommerlichen Temperaturen eine kleine Decke ausgebreitet, Wein in einer Flasche daneben und seinen Lieblingsmenschen an der Seite. Die Mondscheinwiese ist der Tipp für das Romantische in uns. Sie ist ein magischer Ort, der schon über die Jahrhunderte hinweg aufgesucht wurde. Maler fanden ihren Weg hierhin, um die Schönheit der Natur einzufangen. In den 1970ern und 1980ern gab es hier Treffen von Friedensbewegungen. Das klassische Picknick wurde wieder zelebriert, ob am Tag oder in warmen Augustnächten. Wenn der Mond langsam aufgeht und über die Berge seinen Platz am sternenbehangenen Himmel sucht, stellt dies ein Schauspiel dar, das in jedem Jahrhundert Anklang findet.

Die Mondscheinwiese gehört zum nationalen Naturerbe und ist ein wahres Biotop. Die Herbstzeitlose und die Berg-Flockenblume zählen zu den seltenen Pflanzen, die hier noch zu finden sind. Derartige Wiesen bieten einer Vielzahl an Blumen, Insekten und sogar Fledermäusen einen Lebensraum. Das Große Mausohr, eine Fledermausart, findet auf der Wiese seine Nahrung. Wer weiß, vielleicht kann man es bei einem nächtlichen Besuch lautlos über sich sehen. Im Schein des Vollmondes sicher ein einzigartiges Erlebnis.

Auf der Wiese stehen am Rande einzelne große Eichen, die im Sommer wunderbar Schatten spenden. Bei einem Spaziergang oder einer Wanderung ist man schnell an der tagsüber unscheinbaren Wiese vorbeigelaufen. Sie liegt am Zuweg zum Rheinsteig zwischen Nonnenstromberg und Petersberg. Da uns die Natur so viel schenkt, sollten wir ihr mehr Beachtung und Schutz schenken. Der Lebensraum an und auf dieser Wiese verdient den richtigen und vorsichtigen Umgang, damit das Glück lange Zeit weiter bestehen bleibt.

- Mondscheinwiese, zwischen Nonnenstromberg und Petersberg, 53639 Königswinter
- ÖPNV: Haltestelle Rosenauer Weg

Grenzenlose Freiheit

13

Über den Gipfeln des Siebengebirges

Gespannt schaut man auf die Startbahn, während der Pilot gewissenhaft und präzise die Flugvorbereitungen durchführt. Ein letztes Briefing, dann geht es auch schon zum in der Sonne glänzenden Flugzeug. Beim Einsteigen, Anschnallen und Einstöpseln des Headsets wird man vom Piloten unterstützt. Noch ein paar letzte Checks und die Motoren erwachen zum Leben. Das sanfte Brummen gesellt sich zu der leichten Aufgeregtheit, die man in der Magengegend verspürt. Schneller als gedacht, hebt das Flugzeug ab und gewinnt rasch an Höhe. Der Tower des Flugplatzes wird immer kleiner und plötzlich versteht man, was die Faszination des Fliegens ausmacht: das Wahnsinnsgefühl von absoluter Freiheit!

Und jetzt kommt zu diesem Gefühl noch die ultimative Aussicht dazu: Die Flugroute führt über das Siebengebirge nach Bonn und den Rhein entlang zum Kölner Dom. Der Petersberg leuchtet golden in der Sonne und der lang gestreckte Höhenzug des Nonnenstrombergs ist unverkennbar. Die Sendeantenne auf dem Ölberg sticht in den Himmel, die Löwenburg wirkt, als würde das Burgleben wieder erwachen, und der Lohrberg liegt unscheinbar dazwischen. Der Drachenfels thront mit der Wolkenburg im Rücken majestätisch über dem silbernen Band des Rheins.

TIPP

Eine Vorabbuchung ist notwendig, einfach so am Flugplatz aufschlagen sollte man nicht.

Mitfliegen kann man bei Piloten, die Passagiere auf Selbstkostenbasis mitnehmen. Sie fliegen in ihrer Freizeit und zahlen ihren Anteil des Flugs selbst. Mitflüge kann man zum Beispiel über die Plattform wingly buchen. Dort findet man auch Elena Rajda. Sie fliegt in ihrer Freizeit, um sich vom stressigen Alltag zu erholen. Weil hier oben in der Luft nicht der kleinste Fehler passieren darf, ist volle Konzentration notwendig. Alle Sorgen und Nöte sind somit von jetzt auf gleich aus den Gedanken raus. Das ist das, was sie am Fliegen so faszinierend findet, das sie seit mehr als 7 Jahren als Hobby betreibt. Dieses befreiende Gefühl hält noch lange an, auch wenn man längst sanft gelandet ist und die Motoren abgestellt sind.

- Rundflug über das Siebengebirge, Flugplatz Hangelar, Richthofenstraße 130, 53757 Sankt Augustin, www.wingly.io/de
- ÖPNV: Haltestelle Hangelar Ost, ca. 1 Kilometer Fußweg

Verborgene Schätze

14 Altbewährter Antikhandel in Vinxel

Ist das Möbelstück einfach nur alt oder bereits antik? Aus welchem Jahrhundert ist es? Wie viel ist Omas Erbstück, obwohl der Zahn der Zeit schon an ihm genagt hat, noch wert? Oder ist es ein Fall für den Sperrmüll? Mit diesen Fragen beschäftigt sich Stefan Wersdörfer täglich. Er ist Experte und der richtige Ansprechpartner, wenn es um antike Möbel geht. Seit 1985 betreibt er seinen Antikhandel Bonn im beschaulichen Vinxel. Schon beim Betreten seines etwas versteckt liegenden Lagerverkaufs wird man von einem Hauch vergangener Epochen begrüßt. In der Luft liegt der Geruch von altem Holz, gemischt mit Geschichte. Beim Durchschreiten der Reihen aus alten, rustikalen Bauern- und Küchenschränken, Kommoden, Sekretären, Vitrinen, Kisten, Tischen, Stühlen und sogar alten Truhen spürt man förmlich, wie jeder Gegenstand von einer vergessenen Zeit erzählt.

TIPP

Vom Vinxeler Parkplatz aus hat man eine wunderbare Möglichkeit, den Ennert zu erkunden.

Wer sich schweren Herzens von einem geliebten antiken Möbelstück trennen möchte, ist hier genauso richtig wie derjenige, der ein besonderes Schätzchen erwerben möchte. Dabei ist es nicht immer leicht, den wahren Wert eines solchen Objekts zu ermitteln. Zu oft kann man die emotionale Bedeutung nicht in Geld aufwiegen. Aber auch hier wird einem mit kompetenter Beratung und dem Blick für das Detail geholfen.

Der Handel von Stefan Wersdörfer bildet eine Brücke zur Gegenwart und bietet mit den in die Jahre gekommenen Möbeln eine Alternative zur Massenfertigung der heutigen Zeit. Wer sich am Charme der Vergangenheit erfreuen möchte, ist hier genau am richtigen Ort. Das Angebot wechselt durch ständige Neuzugänge, wie beispielsweise durch Ankäufe von Nachlässen oder Fundstücken von Keller und Dachboden, stetig. Ein regelmäßiger Besuch lohnt sich also. „Wer hier nichts findet, der sucht nicht wirklich!“ Dieser Satz lässt sich sehr gut auf einen Antikhandel anwenden. Er ist aber genauso gültig für alle, die nach ihrem persönlichen Glück suchen: Nicht aufgeben! Irgendwo liegt es versteckt und verborgen und muss nur noch gefunden werden.

- Antikhandel Bonn, Vinxeler Straße 61, 53639 Königswinter-Vinxel
www.antikhandel-bonn.de
- ÖPNV: Haltestelle Frankenforst Abzweigung

Sumsi mit Po

15

Imkerei KALEO siebengold aus Bad Honnef

Es summt und brummt um einen herum. Die Bienen fliegen fleißig von Blüte zu Blüte und sammeln den leckeren Nektar, den wir später auf unserem Brot als Honig genießen dürfen.
An mehreren Standorten im Siebengebirge sind die Bienen der Imkerei KALEO siebengold heimisch und mit der fleißigen Produktion des goldenen Glücks beschäftigt. Einer davon liegt in der Nähe des Märchensees oberhalb von Oberkassel. Zu sehen sind die Bienenstöcke oberhalb eines Wanderwegs, von wo aus man die Tiere bei ihrer unermüdlichen Arbeit beobachten kann. Zu nah sollte man ihnen aber nicht kommen, denn sie wissen ihr Zuhause gut zu verteidigen. Weitere Bienenstöcke sind bei den Ausflugszielen Löwenburg und Kloster Heisterbach, zusätzliche Standorte kommen hinzu.

TIPP
Eine Patenschaft für ein Bienenvolk verschenken oder für sich selbst abschließen.

Ganz klein hat Leona Tallmann mit ihrem Mann das Imkern angefangen. Mit einem Bienenvolk hat es als Hobby begonnen und die Leidenschaft und Freude, mit den Bienen zu arbeiten, hat sich rasch eingestellt. Mittlerweile haben sie 100 Völker und kümmern sich mit viel Liebe und Achtsamkeit um ihre Bienen. Ihr Honig und auch die Erzeugnisse wie Bienenwachskerzen sind auf Märkten in der Region und online zu erwerben. Je nach Aufstellungsort schmeckt der Honig unterschiedlich und es fällt einem schwer, sich zu entscheiden, welchen man mitnehmen soll. Sie sind einfach alle superlecker! Naturbelassen und ganz ohne Chemie wird der Honig im Einklang mit der Natur hergestellt. Wer sich für Bienen interessiert oder sogar ein eigenes Volk haben möchte, ist bei KALEO siebengold ebenfalls gut aufgehoben. Für die eigene Bienenzucht wird ein Volk mit Königin angeboten. Dabei stehen die beiden beratend und unterstützend zur Seite.
Damit wir beim Wandern das Brummen und Summen weiterhin hören können, ist es wichtig, dass es Menschen gibt, die unsere Natur auf diese Weise unterstützen und Freude an der Arbeit mit ihr haben. Das macht optimistisch für die Zukunft. Dazu einfach den Titel dieser Seite rückwärts lesen!

- Bienenstock am Märchensee, zwischen Franz-Kissel-Weg und Rauchlochweg, 53227 Bonn-Oberkassel, Tel. (01 78) 6 10 72 70
www.kaleo-siebengold.de
- ÖPNV: Haltestelle Oberkasseler Straße, ca. 1 Kilometer Fußweg

500g
SIEBENGOLD
HONIG
Frühjahrstracht
Siebengebirge

Folge dem großen Strom

16

Die Rheinpromenade von Erpel bis Unkel

Der Schnee knirscht unter den Schuhen, der Himmel ist knackig blau und der Atem bildet kleine Wölkchen. Die Pudelmütze ist tief über beide Ohren gezogen, ein dicker Schal umhüllt den Hals und die Hände sind in dicke Handschuhe gepackt. Nur wenige Sonnenstrahlen erreichen die Haut. Diese reichen aber aus, um im Herzen eine wohlige Wärme zu erzeugen, die die eisigen Temperaturen nahezu vergessen lässt. Anstatt anderen Menschen begegnet man in der kalten Jahreszeit an der Rheinpromenade von Erpel bis Unkel vor allem sich selbst. Nur das leise Schwappen des Rheins, wenn ein Schiff vorbeizieht, ist ein ständiger Gefährte. Hier, etwas abseits der Straße, umarmt die Allee aus Kopflinden den einsamen Spaziergänger förmlich und gibt ein Gefühl von Geborgenheit. Aus der Ferne ragen die Hügel des Siebengebirges wie ein großer Wächter empor. Auf der anderen Rheinseite findet man immer wieder faszinierende Punkte, an denen die Augen und die Gedanken hängen bleiben. Gerade im Winter vermittelt der Fluss eine stille Kraft, aus der sich jede Menge Energie für den Alltag ziehen lässt.

TIPP

Gerade im Winter hat auch der Rest des Siebengebirges eine ganz besondere Faszination.

Im Sommer ist es hier nicht minder schön. Während die Enten, Schwäne und andere Wasservögel ihre Tänze auf dem schillernden Wasser vollführen, bieten die Möwen ihre Flugkünste dar. Zahlreiche Bänke laden zum Träumen ein. Ideal für ein paar Stunden mit einem guten Buch oder ein paar Minuten mit einem fruchtigen Eis in der Hand. Einige der Bänke in der Gemeinde Erpel sind mit auffallenden Schnitzereien verziert und tragen lustige Namen, um auf die Geschichten aus dem Ort aufmerksam zu machen. Ein Beispiel ist die Kamellebud an der Erpeler Rheinallee, wo früher die Erpelerin Luise Schuster in ihrer Kamellebud Eis und Süßigkeiten an die Kinder verteilte.

Natürlich ist der genannte Rheinabschnitt nicht der Einzige, der sich für ausgedehnte Spaziergänge eignet. Besonders schöne Abschnitte finden sich beispielsweise in Linz am Rhein, Königswinter, Bad Honnef oder Bonn-Oberkassel.

- Rheinpromenade, zwischen 53579 Erpel und 53572 Unkel
- ÖPNV: Haltestelle Erpel Rheinfähre

Luise
Schuster
An de
Kamelle
Bud
7/21

Die Unscheinbare

17 Die Wolkenburg bei Königswinter

Unscheinbar kommt der zweitkleinste Berg der berühmten sieben Berge daher. Die Wolkenburg liegt oberhalb von Königswinter zwischen Drachenfels und Hirschburg. Die oftmals verhüllenden Wolken um das Bergplateau gaben ihm und auch der vor vielen Jahren darauf existierenden Höhenburg den Namen. Die Burg soll höher als die Burgruine des Drachenfels und sehr prachtvoll anzusehen gewesen sein. Im 16. Jahrhundert verfiel sie und wurde bis 1900 als Steinbruch genutzt, weswegen sowohl die Burg als auch die Bergspitze verschwanden und sich die Wolkenburg auf ihre jetzige Gipfelhöhe reduzierte. Wie bei vielen Bergen im Siebengebirge war das Gestein Latit sehr beliebt, um in den umliegenden Städten berühmte Bauwerke zu errichten. So wurde es beispielsweise beim Bau des Kölner Doms oder des Poppelsdorfer Schlosses in Bonn verwendet. Der Abbau wurde auch hier gestoppt.

Eine romantische Legende gibt es zu diesem Berg zu erzählen. Hedwig, die Tochter des Burggrafen, verliebte sich in den Ritter Friedrich und versprach, auf ihn zu warten, bis er vom Feldzug ins Heilige Land zurückkehren würde. Er schickte einen anderen Ritter, um ihr mitzuteilen, dass es ihm gut ginge und er so bald als möglich wiederkommen würde. Doch der fremde Ritter verliebte sich in Hedwig und flunkerte ihr vor, dass Friedrich sich eine andere Frau genommen hätte. Sie glaubte ihm nicht, wartete treu auf ihren Geliebten und wurde schließlich belohnt. Er kehrte zu ihr zurück und sie konnten heiraten und glücklich werden. Der unglücklich verliebte Ritter wurde ins Verlies geworfen, später aber von Hedwig begnadigt.

Im Vergleich zum touristisch deutlich bekannteren Drachenfels geht es auf den Wanderwegen rund um die Wolkenburg ruhiger und besinnlicher zu. Nur wenige Menschen sind hier unterwegs. Auch wenn man den Gipfel nicht besteigen darf, kann man hier Kraft schöpfen, die Natur genießen und der Hektik des Alltags den Rücken kehren. Ein Ort, der gefunden werden möchte, damit man zu sich selbst finden kann.

- Wolkenburg, 53639 Königswinter
- ÖPNV: Bahnhof Königswinter, ca. 2 Kilometer Fußweg

K

Im Tortenparadies

18

Das Café Breuer in Oberkassel

Steht man im Café Breuer an der Theke, hat man die Qual der Wahl. Die schier unendliche Auswahl an leckeren Torten macht ein häufigeres Vorbeischauen unumgänglich, will man sie alle probieren. Für jeden Feinschmeckergaumen oder die Naschkatzen unter uns werden reichhaltige Köstlichkeiten aufgefahren. Über 80 verschiedene Obst- und Sahnetorten machen die Auslage zu einem Paradies für alle Liebhaber der feinen Backwaren.

Das traditionelle Handwerk sowie die Frische und Qualität der Produkte werden bei Margareta Sauder, der Inhaberin des Café Breuer, noch großgeschrieben. Diese Werte gehören seit Gründung im Jahre 1959 durch das Ehepaar Breuer zu den Grundprinzipien des Cafés inmitten von Oberkassel. Mit ihren engagierten Mitarbeitern sorgt Frau Sauder das ganze Jahr über dafür, dass sich ihre Gäste rundum wohlfühlen. Als Auszubildende hat sie 1967 bei den Breuers angefangen und 2005 den Betrieb mit viel Leidenschaft übernommen. Sie selbst steht immer noch mit vorne hinter der Theke oder in der Backstube, koordiniert alles und überlässt nichts dem Zufall. Rund um die Uhr schlägt ihr Herz für ihre Mitarbeiter und den Betrieb.

TIPP

Breuer Spezial, eine leckere Haustorte als Kreation aus Nussboden, Schokosahne und Eierlikör.

Mit ausreichend Sitzmöglichkeiten kann man die Torten bei einem duftenden Kaffee vor Ort genießen. Hier trifft sich Jung und Alt, schnackt, klönt und schwärmt von dem angebotenen Süßgebäck. Wer dann noch gerne etwas für zu Hause mitnehmen möchte, kann sich an der Theke so manch Gutes einpacken lassen. Im umfangreichen Sortiment sind nicht nur die Kuchen und Torten zu finden, auch Brot, Brötchen und verschiedene andere Leckereien, passend zur Jahreszeit.

Eine Besonderheit des Cafés ist die Möglichkeit, sich maßgeschneiderte Torten zu speziellen Anlässen anfertigen zu lassen. Ob Hochzeiten, Geburtstage oder Firmenjubiläen, die Konditoren nehmen gerne die Herausforderung an und fertigen die Torten nach Vorstellung des Kunden an. Das Sahnehäubchen für einen ganz besonderen Tag.

- Café Breuer, Königswinterer Straße 695–697, 53227 Bonn-Oberkassel, Tel. (02 28) 44 15 03, www.cafe-breuer.de
- ÖPNV: Haltestelle Oberkassel Mitte oder Bahnhof Bonn-Oberkassel, ca. 700 Meter Fußweg

Buntes Treiben

19 Am Lebkuchenherz naschend über Pützchens Markt

Der Geruch von gebrannten Mandeln, Currywurst und Zuckerwatte erfüllt die Luft. Dazu die wummernde Musik der Fahrgeschäfte. Das ist Pützchens Markt am Bonner Stadtrand! Das traditionelle und bunte Treiben findet einmal im Jahr für 5 Tage im Herbst statt. Das zweite Wochenende im September ist daher ein Termin, den man sich im Kalender rot markieren sollte.

Der traditionsreiche Jahrmarkt hat seinen Ursprung bereits im Jahr 1367 und wurde ab dem 18. Jahrhundert mit wenigen Unterbrechungen jährlich veranstaltet. Was als Wallfahrt zum Adelheidis-Brunnen begann, ist heutzutage einer der größten Jahrmärkte im Rheinland und zieht jedes Jahr Hunderttausende von Besuchern magisch an. Der Markt ist ein Augen-, Ohren- und Gaumenschmaus mit Spaßfaktor für Jung und Alt. Pützchens Markt wird offiziell mit dem traditionellen Fassanstich durch das Bonner Stadtoberhaupt im Bayernzelt eingeläutet. Während es manchen Gästen schon ausreicht, zwischen all den Fahrgeschäften, Schießbuden, Losbuden und Imbissständen zu flanieren und den Markt mit allen Sinnen zu genießen, erleben andere ihre Glücksgefühle, wenn sie endlich den Ausgang aus dem Spiegellabyrinth gefunden haben. Strahlt dann noch die Sonne und leuchtet der Himmel blau, schmecken Liebesapfel oder Lebkuchenherz umso intensiver.

TIPP
Am besten mit dem Bus anreisen, die Parkmöglichkeiten sind begrenzt.

Der Markt bietet nicht nur die obligatorische Achterbahn, Wasserbahn, Geisterbahnen oder Autoscooter als besondere Attraktionen, sondern auch ein nostalgisches Schätzchen. Ein historisches Karussell, welches mit wunderschönen Verzierungen und altertümlichen Holzpferden ein echter Hingucker ist. Wer sich also noch mal in seine Kindheit oder in die seiner Großeltern zurückversetzen möchte, sollte eine Runde mitfahren.

Am letzten Markttag sorgt ein prächtiges Feuerwerk für eine bezaubernde Atmosphäre und lässt ein paar großartige und aufregende Tage zu Ende gehen. Zurück bleibt dann noch die Vorfreude auf das nächste Jahr. Denn Tradition bleibt Tradition.

- Pützchens Markt, Marktwiesen, 53229 Bonn-Pützchen
- ÖPNV: Haltestelle Adelheidisplatz oder Friedenstraße

Hexenküche am Drachenfels

20 Angelas Drachenkräutergärtchen in Königswinter

Dort wo es spannende Sagen um Märchenschlösser, Drachen, Riesen und tapfere Helden gibt, da darf natürlich eine waschechte Hexe nicht fehlen. Und hier kommt Angela Anderson ins Spiel. Offiziell Diplom-Kräuterpädagogin ist sie im ganzen Siebengebirge als Kräuterfrau oder Kräuterhexe bekannt. Ihr Drachenkräutergärtchen und ihre Hexenküche sind über den Weg zum Drachenfels, den sogenannten Eselsweg, zu erreichen und liegen etwa 100 Meter unterhalb des Wegekreuzes. Die Liebe zum Drachenfels hat Angela bereits in ihrer Kindheit entdeckt und wollte mit ihrem Drachenkräutergärtchen das Erlebnis des Aufstiegs zum Drachenfels zu etwas Besonderem machen.

In ihrem Lädchen bietet sie nach eigenen Rezepten und mit viel Liebe selbst hergestellte Kräutergewürzmischungen, Tees, Sirupe und Kräuterkissen an. Saisonale Dekorationsartikel, Steinfiguren und andere Erinnerungsstücke laden zum Stöbern und Staunen ein. Je nach Jahreszeit kann man sich den Aufstieg auch durch eine leckere Erfrischung erleichtern.

TIPP

Wer den anfangs sehr steilen Aufstieg scheut, parkt am Lemmerzbad und ist in etwa 5 Minuten dort.

Neben ihrem Verkaufsladen hat sie zahlreiche Events und Veranstaltungen im Programm, in denen sie Interessierten ihr ausgiebiges Wissen rund um die Welt der Kräuter vermittelt. Auf Kräuterwanderungen erläutert sie gerne, „dass uns die Natur Achtsamkeit lehrt“ und „wie wichtig diese für das Ernten der Kräuter ist“. Dabei zeigt sie mit viel Engagement, welche Pflanzen zu finden sind, wofür sie angewendet werden und von welchen man besser die Finger lässt.

So kehrt man nach einem Ausflug in das Reich der Kräuter und nach dem Eintauchen in verschiedene Geschmäcker und Gerüche mit geballtem Wissen an den heimischen Herd zurück. Die Liebhaber des scharfen Essens können sich zum Beispiel mit dem Spicy-Dragon-Salz aus dem Lädchen auch zu Hause an den atemraubenden Aufstieg erinnern.

- Angelas Drachenkräutergärtchen, Drachenfelsstraße 80, 53639 Königswinter, Tel. (01 63) 2 53 52 24, www.angelas-drachenkräutergärtchen.de
- ÖPNV: Bahnhof Königswinter, ca. 1 Kilometer Fußweg

Von Riesen erbaut

21 Mit dem Rad auf den Himmerich

Auch für Fahrradfahrer ist das Siebengebirge ein Paradies. Gut ausgeschilderte Radstrecken, breite Wege, lange Abfahrten und knackige Anstiege machen das Radeln zu einer beliebten Freizeitaktivität. Da kann man es auch mal verschmerzen, dass man mit dem Rad aus Gründen des Naturschutzes nur auf den zugelassenen Wegen bleiben darf. Nicht jeder Gipfel oder Aussichtspunkt kann daher angefahren werden. Der Himmerich ist eine Ausnahme. Er bietet auf seinem Plateau eine grandiose Aussicht, verbunden mit einer großen Rastfläche, und das alles direkt erreichbar mit dem Fahrrad und eingebunden in ein umfangreicheres Radwegenetz. Der Platz dort reicht für eine größere Rad- oder Wandergruppe.

Selbstverständlich lohnt sich auch der Besuch auf Schusters Rappen. Dann startet man am besten vom Parkplatz an der Servatiuskapelle und folgt dem Servatiusweg immer geradeaus. Bevor man sich aber schnurstracks auf den Weg zum Gipfel macht, sollte man vorher auf dem ausgeschilderten Himmerich-Rundweg den Berg einmal umrunden und erst dann den Weg auf das Plateau antreten.

Der Berg liegt westlich von Aegidienberg und wird im Volksmund auch – Pardon! – „Riesenschiss“ genannt. Der abfällige Name wird ihm in keiner Weise gerecht, rührt aber aus der Sagenwelt um die Entstehung des Siebengebirges. Der Sage nach soll sich ein Stausee gebildet haben, hinter dem die Menschen kaum Wasser bekamen. Daher beauftragten sie sieben Riesen, einen Durchgang für das Flussbett des Rheins zu graben. Diese machten sich ans Werk, das Wasser floss ab und die Ebene wurde wieder fruchtbar. Als sie fertig waren, klopften sie ihre riesigen Spaten ab und die herabfallenden Dreckklumpen wuchsen zum Siebengebirge auf. Dort wo die Riesen während der Arbeit ihre Notdurft verrichteten, entstand der Himmerich.

Der Spitzname passt gar nicht zu dem, was der Himmerich an Attraktivität zu bieten hat. Also nicht davon abschrecken lassen. Es zählt nur, was der Berg an Freude beim Radfahren und Wandern freisetzt.

TIPP

Auf dem Weg zum Himmerich kreuzt man den Stellweg, der wie mit dem Lineal von Süd nach Nord zieht.

- Himmerich, 53604 Bad Honnef
- ÖPNV: Haltestelle Servatiushof, ca. 1,5 Kilometer Fußweg

Pforte zur Ewigkeit

22 Die Klosterruine Heisterbach im Heisterbachtal

Beim Betreten der weitläufigen, von Mauern umgebenen Klosteranlage durch das barocke Torgebäude spürt man sofort, dass man in eine andere, eine besinnlichere und ruhigere Welt eintritt. Begrüßt wird man durch die Statuen der Heiligen Bernhard von Clairvaux und Benedikt. Die Klosterruine Heisterbach liegt zwischen Oberdollendorf und Heisterbacherrott im Tal des Heisterbachs. Errichtet wurde das Kloster im 13. Jahrhundert durch Zisterziensermönche vom Petersberg. Sie rodeten den Wald, legten Fischteiche an und brachten den Weinbau wieder zu voller Blüte.

Auf einem gepflasterten Weg gelangt man weiter ins Innere der Anlage. Auf der linken Seite ist die alte Chorruine zu sehen und rechter Hand geht es in den Küchenhof sowie zu den Wirtschaftsgebäuden. Es lohnt sich, einmal einen kompletten Rundgang zu machen und dabei auf die vielen kleinen Details zu achten. So wird man beispielsweise in der hinteren Mauer des Klosters einer kleinen Holztür gewahr. Sie ist, laut einer Sage, eine Pforte zur Ewigkeit. Ein Mönch namens Maurus, der in diesen Mauern vor 1000 Jahren gelebt haben soll, ist durch die besagte Pforte geschritten. Er dachte viel über Zeit und Ewigkeit nach und ist eines schönen Tages, einem zwitschernden Vogel folgend, aus dem Kloster spaziert. An einer Quelle ruhte er sich aus und schlief ein. Als er am nächsten Tag zum Kloster zurückging, erkannte ihn niemand mehr und er selbst erkannte keinen der dortigen Mönche. Was war geschehen? Bei einem Blick in die Archive wurde sein Name gefunden, er hatte vor 1000 Jahren dort gelebt.

TIPP

Die Klosterstube direkt in der Klosteranlage lädt draußen und drinnen zum Pausieren ein.

Nun, ob ihm dadurch bewusst wurde, was es mit Zeit und Ewigkeit auf sich hat, kann man heutzutage nicht mehr sagen. Doch wer die Zeit für sich nutzen möchte, der kann an diesem Ort eine Ruhe finden, die das Herz umarmt. Zum Meditieren, Zeichnen oder einfach, um ein Buch zu lesen. Daher bei einem Besuch unbedingt ein paar Minuten mehr einplanen, um dieses Gefühl der Besinnlichkeit selbst spüren zu können.

- Klosterruine Heisterbach, an der L 268, 53639 Königswinter
  www.abtei-heisterbach.de
- ÖPNV: Haltestelle Kloster Heisterbach

Start ins Glück

23 lila – Bridal Couture in Bad Honnef

Eine lila umrahmte Tür, verwunschen wie bei Alice im Wunderland. Durch einen kleinen, bezaubernd angelegten Garten führt der Weg in ein gemütliches Atelier. Hier ist der Ort, an dem Träume in Weiß, aber auch in anderen Farben angefertigt werden, je nachdem, was der Braut für ihren Hochzeitstag so vorschwebt.

Für diesen ganz besonderen Tag in ihrem Leben sind Frauen bei Henriette Apel an genau der richtigen Adresse. In ihrem Atelier fertigt sie mit hochwertigem Material maßgeschneiderte Brautkleider an. Als studierte Textilrestauratorin stieg sie 2017 mit ihrem Label bei ihrer Mutter ins Atelier in Bad Honnef ein. „lila" ist nicht nur der Name ihres Labels, sondern die Farbe prägt auch ihre kleinen, aber feinen Räumlichkeiten. Im idyllischen Garten befindet sich ihre Werkstatt und der Showroom, in dem sie die Brautmoden mit größter Sorgfalt und Hingabe herstellt und präsentiert. Ob aus reiner Seide oder hochwertiger französischer Spitze, ihre Kleider sind gleichzeitig modern und nostalgisch designt. Mit Inspiration und viel Liebe zaubert sie Kreationen, die jedes Frauenherz höherschlagen lassen. Individuelle Wünsche, also Sonderanfertigungen, sind für sie kein Problem. Eine Herausforderung, der sie sich gerne stellt.

TIPP
Am Atelier vorbei führt ein Wanderweg durch das Annatal bis hin zur Löwenburg.

Es sei ein schöner Beruf und bereite sehr viel Freude, die Menschen glücklich zu sehen und sie auf diesem Weg zu begleiten, erklärt sie auf die Frage, was ihr am meisten Spaß macht. Vom Wunsch zur konkreten Vorstellung bis hin zum fertigen Kleid berät Henriette ihre Kundinnen. Über die Website können ihre Kreationen bewundert und Termine vereinbart werden. In ihren Kollektionen La Poesie, Green Garden, Faith oder Renaissance sind so viele wunderschöne und stilvolle Kleider zu finden, dass die Entscheidung sicherlich nicht einfach ist. Auch in Partnerboutiquen, wie der RheinBoutique in Bonn, können ihre Werke bewundert und erworben werden. Somit steht dem großen Tag, der ein unvergessliches Erlebnis wird, nichts mehr im Wege.

● lila – Bridal Couture, Rommersdorfer Straße 88,
53604 Bad Honnef-Rommersdorf, Tel. (0 15 20) 2 67 33 52
www.lila-couture.de
● ÖPNV: Haltestelle Feuerschlößchen

Rheinromantik pur

24 Mit dem Schiff über den Fluss

Wasser schwappt gegen das Schiff, eine kühle Brise streicht einem um die Nase und die Sonne spiegelt sich im Rhein. Malerisch zieht das Siebengebirge an einem vorbei und man kann sich zurücklehnen und genießen. Die Luft ist herrlich auf dem Wasser und bei angenehmen Temperaturen lässt es sich auf Deck wunderbar aushalten. Die verträumte Landschaft, die vom Wasser aus geboten wird, sollte man nicht verpassen, hier erlebt man Rheinromantik pur.

Die Wanderschuhe kann man getrost zu Hause lassen. Das Siebengebirge mal anders zu betrachten und sich auf dem Wasser durch das schöne Rheintal chauffieren zu lassen, ist ein einzigartig erholsames Vergnügen. Im Anschluss kann man das Erlebte in einem Restaurant entlang der Rheinpromenade Revue passieren lassen.

TIPP
Infos zu Fahrzeiten, Routen und Sonderfahrten sollte man vorab auf den Anbieterwebsites einholen.

Am Rhein entlang von Bonn bis Linz sind einige Anlegestellen zu finden. Dort bieten verschiedene Personenschifffahrten ihre Dienste an. Um den Drachenfels und das unvergleichliche Panorama des Siebengebirges zu entdecken, sind die Anlegestege in Königswinter und Unkel die besten Startpunkte. Die Angebote reichen von Linienfahrten über Themenfahrten bis hin zu der Möglichkeit, ein ganzes Schiff für eine Veranstaltung zu chartern. Eines der bekanntesten Schiffe, das auf Vater Rhein entlangschippert, ist die Moby Dick. Mit ihrem auffällig blauen Wal-Design ist sie ein echtes Wahrzeichen von Bonn und der Region.

Ein wunderschönes und aufregendes Spektakel ist das Großevent „Rhein in Flammen". Dazu gehört eine mehrtägige Veranstaltung in den Bonner Rheinauen, deren Highlight ein Schiffskonvoi entlang des Rheins ist. Die bei Einbruch der Dunkelheit beginnende Fahrt entlang des Siebengebirges auf glamourös beleuchteten Passagierschiffen hat ihren Höhepunkt in einem spektakulären Feuerwerk über dem Rhein. Dieses Erlebnis ist sowohl vom Fluss als auch von Land aus ein riesiges Schauspiel. Begleitet wird das Ereignis von mehreren Veranstaltungen in den Ortschaften entlang des Rheins.

- Schifffahrt durch das Rheintal, z.B. ab den Anlegestegen an der Rheinallee, 53639 Königswinter
- ÖPNV: Haltestelle Königswinter Fähre

Lancebrücke
15
KÖNIGSWINTER
15

Die feine englische Art

25 The Little Britain Inn in Kalenborn

Nostalgische englische Autos, Mr. Beans Mini und rote Telefonzellen. Schon von Weitem lässt sich bei diesem kuriosen Ort die Leidenschaft erkennen. Hier reihen sich vor einem Hotel vielerlei britische Exponate. Sogar eine Figur der verstorbenen Queen hat einen Platz auf einer Bank davor.

Kommt man durch die Tür in den Innenbereich, ist die Liebe der Inhaberfamilie Blackburn zu ihrer Heimat sofort erkennbar. Zur Linken befindet sich ein nach englischem Vorbild ausgestatteter kleiner gemütlicher Fernsehraum für die Gäste. Zur Rechten wird man direkt mit einem Lächeln an der Bar empfangen, wo man eines der unzähligen leckeren britischen Biere oder auch einen köstlichen Kaffee zu sich nehmen kann. Weiter geht es in den großen Speisesaal, der mit einer wunderschönen Wandmalerei von Robin Hood ausgeschmückt ist. Paddington hat bereits auf einem der Stühle Platz genommen, was nicht nur jedes Kinderherz höherschlagen lässt. Es ist, als ob man in eine andere Welt eintaucht. Man kommt aus dem Staunen kaum noch heraus.

TIPP
Die Kasbachtalbahn hält direkt vor der Tür, für Erkundungstouren bis hinunter nach Linz.

Kulinarisch wird einem sowohl englisches Frühstück als auch der typische Afternoon Tea mit Scones und Sandwiches geboten. Der Gaumen wird genauso verwöhnt wie das Auge. Für Übernachtungen stehen zauberhaft dekorierte Zimmer mit farbenfrohen Motiven zur Verfügung. Wer wollte nicht schon immer mal mit Sherlock Holmes in einem Zimmer übernachten? Den ganz besonderen Anziehungspunkt für Jung und Alt, Wanderer und Radfahrer bildet aber der Innenhof der Hotelanlage. Hierhin zieht es unzählige Menschen, nur um zu schauen, zu staunen und die englische Lebensart in sich aufzusaugen. Bekannte Figuren wie Mr. Bean, Harry Potter, James Bond und auch Merlin der Zauberer begegnen einem auf dem Rundgang. Und selbstverständlich fehlen auch die typischen roten Doppeldeckerbusse nicht. Es lohnt sich, in jeden kleinen Winkel, insbesondere im hinten gelegenen Secret Garden, zu blicken, um keine Überraschung zu verpassen.

- The Little Britain Inn, Bahnhofstraße 12+14, 53560 Vettelschoß-Kalenborn, Tel. (0 26 45) 9 75 61, www.thelittlebritaininn.com
- ÖPNV: Bahnhof Kalenborn (Kasbachtalbahn)

TELEPHONE
LETTERS ONLY
NEXT COLLECTION
8 STONE BRIDGE
COLLECTIONS
1 A.M 11.15
2 P.M 5.25
SUNDAY, GOOD FRIDAY & BANK HOLIDAYS (NOT BOXING DAY) CHRISTMAS DAY-BOXING DAY NO COLLECTION
VII

Mit Weitblick

26 Der Skywalk auf der Rabenlay bei Oberkassel

Ein „Wow“ kommt einem über die Lippen, wenn man auf der Aussichtsplattform über Oberkassel steht und diesen grandiosen Blick genießen darf. „Traumhaft“ umschreibt es ebenfalls. Vom Rabenlay-Skywalk aus schwelgt man in einer großartigen Aussicht, der Blick geht zum Drachenfels, nach Bonn und bis in die Eifel.

Seit 2017 ist die Plattform als Skywalk über einem alten Steinbruch angebracht und bietet dieses spezielle Erlebnis. Sie besteht aus einer Holzkonstruktion, die mit Beton und Stahlstützen aufgelagert wird. Dadurch fügt sie sich relativ dezent in die Umgebung ein, sodass sie von unten oder aus der Ferne kaum zu erkennen ist. Die Rabenlay ist ein Berg des Ennert, welcher im Norden des Siebengebirges liegt. Einen Gipfel gibt es nicht, er ist durch die markante Felswand an dem darunterliegenden ehemaligen Steinbruch erkennbar. Der Rabenlay-Skywalk liegt auf dem benachbarten Kuckstein, der oft mit als Rabenlay bezeichnet wird.

TIPP

Uhu und Falke nisten unterhalb der Plattform. Mit Glück kann man sie hier fliegen sehen.

Um dorthin zu gelangen, bietet es sich an, vom Parkplatz Dornheckensee an der Oberkasseler Straße zu starten und ab da dem Rheinhöhenweg zu folgen. Überwiegend geht es über naturbelassene Pfade und Wege. Dabei kommt man an herrlichen Plätzen vorbei, die schon einen kleinen Ausblick wert sind. Doch aufgepasst! An der Plattform ist man schnell vorbeispaziert, sie liegt versteckt und ist nicht extra ausgeschildert. Aus dem dichten Wald hinaustretend, liegt die Plattform dann direkt vor einem. Auf dem Skywalk befinden sich Infotafeln, die Wissenswertes über den Skywalk und die Umgebung vermitteln. Wer möchte, kann sich hier etwas Zeit nehmen und die Tafeln genauer studieren. Das Wichtigste aber ist es, den Ausblick mit allen Sinnen in sich aufzunehmen.

Wie so oft im Siebengebirge ist es auch hier überlegenswert, den Skywalk im Rahmen eines Rundwegs zu erwandern. Die Stille und Ruhe des Waldes laden dazu ein. Und was gibt es Schöneres, als sich ohne Hektik eine Verwöhnpause zu gönnen und den zauberhaften Ausblick dabei mit im Gepäck zu haben?

- Rabenlay-Skywalk, 53227 Bonn-Oberkassel
- ÖPNV: Haltestelle Humbroichweg, ca. 1 Kilometer Fußweg

Die süßesten Früchte

27 Die Streuobstwiese bei Oberdollendorf

Schon als Kind machte es Spaß, sich zu diesen speziellen Wiesen zu schleichen und den ein oder anderen Apfel vom Baum zu stibitzen. Lecker und süß waren die Früchte und es brauchte auch keine Schlange, die uns zu diesem kleinen Beutezug verführte. Der Geruch und das Aussehen waren ausreichend, um sie direkt vom Baum pflücken zu wollen.

Es summt und brummt um einen, es duftet nach Äpfeln und die Sonne wärmt, während man vor einer der vielen Streuobstwiesen im Siebengebirge steht. Es gibt sie schon seit Hunderten von Jahren und sie waren damals genauso wichtig wie das Brot und das Bier zum Leben. Leider nimmt der Bestand an solchen Wiesen immer weiter ab. Das Obst der Streuobstwiesen wurde früher nicht nur zum Essen verwendet, sondern vor allem auch, um aus den gepressten Früchten Most herzustellen. Die Nachfrage und die Essgewohnheiten änderten sich und die Wiesen verloren ihren Reiz und ihre Kümmerer.

Einige dieser schönen Wiesen sind noch erhalten geblieben und es wird unermüdlich dafür gesorgt, dass ihr Bestand wieder stetig wächst. Man hat erkannt, dass sie einen wichtigen Lebensraum für viele Pflanzenarten und Vögel sowie weitere Tierarten bieten. Insekten und Spinnen geben diese Wiesen ein natürliches Zuhause. Genauso wie Bienen und Hummeln sind sie sehr wichtig für den Erhalt der Vielfalt in der Natur. Gleichzeitig sind die Streuobstwiesen auf Wanderungen durchs Siebengebirge ein bezaubernder Anblick und helfen dabei, Kindern die Faszination unserer Tier- und Pflanzenwelt nahezubringen. Es erfreut das Herz, wenn man an ihnen vorbeikommt oder sich zum Pausieren dort niederlässt.

Eine der Streuobstwiesen im Siebengebirge ist bei Oberdollendorf am Bittweg zum Petersberg zu finden. Die Wiesen und ihre Artenvielfalt gehören zum Siebengebirge wie seine zahlreichen Berge und Täler. Und auch wenn Mundraub auf Streuobstwiesen generell nicht erlaubt ist, bietet schon allein ihre Existenz einen Genuss für die Sinne.

TIPP

Ein weiterer Tipp ist die Streuobstwiese am Löwenburger Hof.

- Streuobstwiese, am Bittweg zum Petersberg oberhalb des JUFA Hotels, 53639 Königswinter-Oberdollendorf
- ÖPNV: Haltestelle Longenburg, ca. 1 Kilometer Fußweg

Hoch zu Ross

28 Das Gangpferdezentrum Aegidienberg

„Alles Glück dieser Erde liegt auf dem Rücken der Pferde." Dieses alte Sprichwort führt zum Gangpferdezentrum in Aegidienberg, einem der bekanntesten Gestüte Deutschlands und darüber hinaus. Seit den 60er-Jahren werden hier Pferde gehalten, gepflegt und auch gezüchtet. Heute, in zweiter Generation, gehört das Gestüt Walter Feldmann. Mit seinem Sohn Frederic leitet er das Gangpferdezentrum und legt sein Herzblut in das Wohlergehen seiner Tiere. Bekanntheit erlangte das Gestüt schon mit Walter Feldmann senior, der durch Zufall zu seiner Begeisterung für die sehr sympathischen und robusten Islandpferde kam. Nachdem Familie Feldmann später noch die südamerikanische Pferderasse Paso Peruano entdeckte, entstand die Idee eines speziellen Kreuzungsprogramms. Aus einem Zuchtversuch wurde im Jahr 1982 der erste Aegidienberger geboren. Diese Rasse, die das Beste aus zwei Welten vereint, wurde in der Pferdewelt weltweit bekannt und wird weiterhin in eigener Zucht gehalten und verkauft.

TIPP

Auch den Rest des kleinen Örtchens Aegidienberg erkunden.

Kleiner Einschub für Nichtreiter: Gangpferde nennt man Pferde, die neben den bekannten Grundgangarten Schritt, Trab und Galopp weitere Gangarten aufweisen. Islandpferde verfügen zum Beispiel noch über Tölt und Rennpass.

Um hier das Glück zu finden, muss man nicht selbst Reiter sein. Es lohnt auch so, dem Gestüt einen Besuch abzustatten. Es bietet neben der Zucht ebenso die Möglichkeit, eigene Pferde einzustellen. Somit sind ungefähr 200 Pferde auf dem weitläufigen Gelände zu finden. Auch bei der Suche nach Reitunterricht, Lehrgängen oder einer Reitbeteiligung ist man hier an der richtigen Adresse. Die Veranstaltungen, die das ganze Jahr über stattfinden, drehen sich rund um den Sport mit Gangpferden. Bei Frederic Feldmann spürt man die Freude und Leidenschaft, die die Faszination Gangpferd mit sich bringt. Als nächste Generation steht er bereits in den Startlöchern, um die Zucht der Aegidienberger sicherzustellen.

● Gangpferdezentrum Aegidienberg, Peter-Staffel-Straße 20, 53604 Bad Honnef-Aegidienberg, www.gangpferdezentrum.de
● ÖPNV: Haltestelle Siefenhoven

Berg mit Diplom

29

Ein Blick in die Vergangenheit am Weilberg

Der Weilberg ist ein Berg mit Auszeichnung. Sogar mit einer echten Urkunde. Okay, zugegeben, nicht der Berg selbst hat das Diplom erhalten, sondern der Verschönerungsverein für das Siebengebirge hat es für das Naturschutzgebiet Siebengebirge erhalten. Übergeben wurde das „Europäische Diplom für geschützte Gebiete" aber am 15. Oktober 1971 hier am Naturdenkmal Weilberg durch den Ministerausschuss des Europarats. Ein Gedenkstein erinnert an diesen Moment. Seither konnte das sogenannte Europadiplom immer wieder verlängert werden.

Der Weilberg ist 242 Meter hoch und sehr gut vom gleichnamigen Parkplatz oder vom Kloster Heisterbach zu erreichen. Ein Rundweg führt einmal um den Berg herum, besonders interessant ist aber der Aussichtsbereich, der einen freien Blick in den stillgelegten Steinbruch mit dunkelgrün schimmerndem See gewährt. Dieser ist insofern von Bedeutung, als er einen guten Einblick in den vulkanischen Gesteinsaufbau erlaubt. Die verschiedenen Gesteinsschichten erzählen die geologische Geschichte des Siebengebirges. Mit bloßem Auge zu erkennen ist auch die typische Säulenform der Basaltsteine, die schon seit der Zeit des Mittelalters zum Beispiel gerne als Grenzsteine genutzt wurden. Ansonsten wurde der Basalt maßgeblich für Bahngleise und Straßen verwendet. Aufgestellte Informationstafeln geben tieferen Zugang zur Thematik des Vulkanismus und zur Geschichte der Steinbruchtätigkeit im Siebengebirge.

TIPP

Fernglas einpacken! Hier gibt es viel zu entdecken.

Was an diesem Ort so richtig glücklich machen kann, ist die Abgeschiedenheit und der direkte Kontakt zur Natur. Auf dem Grund des Steinbruchs hat sich ein Feuchtbiotop entwickelt, das zahlreichen Tieren und Pflanzen den idealen Lebensraum bietet. Mit ein wenig Glück, vor allem aber Geduld und Aufmerksamkeit kann man hier einige Tiere in freier Wildbahn beobachten. Aufgrund der Nistmöglichkeiten in der gegenüberliegenden schroffen Felswand wurden hier beispielsweise Uhus gesichtet.

- Weilberg, 53639 Königswinter
- ÖPNV: Haltestelle Kloster Heisterbach, ca. 800 Meter Fußweg

Liebenswerte Bewirtung

30

Genuss in der Scheunenwirtschaft in Oelinghoven

Wandern geht durch den Magen, genauso wie die Liebe. Zu einer guten Wandertour gehört eine Einkehrmöglichkeit, die in den Genuss leckerer Speisen bringt und in der man mit netten Leuten ins Gespräch kommt. Die Scheunenwirtschaft in Oelinghoven erfüllt all diese Voraussetzungen, sie ist ein Ort, zu dem man fährt oder läuft und von dem man glücklich wieder nach Hause kommt.

Beate und Wolfgang Behr führen den elterlichen Hof in vierter Generation mit Herz und Leidenschaft weiter. Als vor 10 Jahren die letzte Wirtschaft im Ort ihre Pforten schloss, erkannten die beiden, dass es für ihr Örtchen wichtig war, eine Möglichkeit zum Einkehren zu haben. Wer in ihre Scheunenwirtschaft eintritt, wird liebevoll empfangen. Beide sorgen mit ihrer Ausstrahlung und Freundlichkeit sofort für ein gutes Gefühl. Mit ihrer appetitlich angerichteten gutbürgerlichen Küche sorgen sie für volle Mägen und glänzende Augen. Es wird mit Produkten aus der Region frisch gekocht und zubereitet. Auch für Vegetarier und Veganer sind köstliche Gerichte dabei.

Der gemütliche Innenbereich, charmant auch Lieblingsplatz genannt, sorgt mit seiner stilvollen Dekoration und einem wärmenden Ofen für eine rustikale Atmosphäre. Im Sommer wird die Terrasse genutzt, wo man die Wandertour oder den Tag mit einem zünftigen Bier ausklingen lassen kann. Es kommen mittlerweile nicht nur Stammgäste aus dem Ort, sondern auch außerhalb der Region hat sich die gute Küche und Herzlichkeit rumgesprochen.

Zum Hof gehört darüber hinaus ein kleines Museum, welches historische Sammlerstücke zeigt. Unter anderem ist in einem kleinen *Backes* (Backhaus) ein alter Backofen. Angrenzend ist eine große Voliere, in der verschiedene Sittícharten fröhlich zwitschern und im unteren Bereich Kaninchen und Meerschweinchen herumtollen. Dies sind alles Tiere, die keiner mehr haben wollte und die bei Beate und Wolfgang ihr neues Zuhause gefunden haben. Nicht nur Menschen finden hier ihr Glück, auch für heimatlose Tiere wird liebevoll gesorgt.

TIPP

Von hier bietet es sich an, die Genusstour durchs Lauterbachtal mitzumachen.

● Scheunenwirtschaft Siebengebirge, Kreuzstraße 19, 53639 Königswinter-Oelinghoven, Tel. (0 22 44) 87 49 50 www.scheunenwirtschaft.de

● ÖPNV: Haltestelle Oelinghoven

Globol
LOTTO
STEIFF 1880
MAGGI
Würze
Suppen
Fleischbrühe
Haribo
CALENDAR GIRL

Die graue Eminenz

31

Eselsbrunnen an der Rheinpromenade Königswinter

„Ehre, wem Ehre gebührt!" ist eine Redewendung, die für den Eselsbrunnen in Königswinter sehr passend erscheint. Jeden Tag fahren unzählige Menschen mit der Straßenbahn, dem Auto oder dem Fahrrad daran vorbei. Bei einem Spaziergang entlang der Rheinpromenade genießt man den Blick auf den Rhein und die vorbeiziehenden Schiffe und entdeckt dabei diese beiden Esel, die liebevoll die Köpfe aneinanderschmiegen.

Der Eselsbrunnen ist ein Ehrendenkmal für die vielen Esel, die hier in Königswinter jahrhundertelang ihre Dienste geleistet haben. Diese drolligen und bekanntermaßen störrischen Tiere haben sich ein Denkmal mehr als verdient. Der Esel gehört zu Königswinter wie der Drache zum Drachenfels – mit dem kleinen Unterschied, dass die Langohren wirklich existierten und nicht nur einer Sage entsprungen sind. Die Ära der „Äsel", wie sie rheinisch ausgesprochen werden, begann hier im Rheinland schon zu der Zeit, in der Unmengen von Steinen aus den Steinbrüchen befördert werden mussten. Die robusten Kerlchen schleppten die Lasten unermüdlich und waren als Arbeitstiere unabkömmlich. Als die Steinbrüche dann geschlossen wurden, sah es erst mal so aus, als hätten die Esel ausgedient. Doch die Popularität des Rheintals und seiner Sehenswürdigkeiten lockte viele Menschen aus entfernten Ländern an. Der Drachenfels gehörte schon damals zu den beliebtesten Reisezielen. Um nun für die ungeübten Touristen den beschwerlichen Weg zum Gipfel angenehmer zu gestalten, fanden die Esel eine neue Aufgabe. Millionen von Besuchern wurden so hinauf- und wieder hinuntergebracht. Besonders Kindern blieben die Tiere noch lange im Gedächtnis. Auch im Siebengebirgsmuseum wird an die braven Helfer erinnert.

Der Eselsbrunnen wurde 1984 von Ernemann Sander am Rheinufer errichtet und soll die fleißigen und stolzen Grauohren ehren, die für die Region so viel geleistet haben. Ohne sie würde dem Siebengebirge ein großes Stück Kulturgeschichte fehlen.

TIPP

Mit einem Eis in der Hand kann man auf den Bänken in der Nähe die Schiffe auf dem Rhein beobachten.

- Eselsbrunnen, Rheinallee 9–11, 53639 Königswinter
- ÖPNV: Haltestelle Clemens-August-Straße oder Königswinter Fähre, ca. 750 Meter Fußweg

Grünes Glück im Rhein

32 Die Insel Grafenwerth in Bad Honnef

Ein kurzer Moment der Ruhe. Man lässt den Blick schweifen und schaut sich um. Er wandert das ausgedehnte Ufer entlang, bestaunt die kraftvolle Ruhe des Rheins und bleibt an den alten Klostergebäuden auf der gegenüberliegenden Nachbarinsel Nonnenwerth hängen. Im Rücken erhebt sich die majestätische Kulisse des Siebengebirges. Wohin man sich auch dreht, rundherum kann das Auge die Schönheit der Umgebung aufnehmen. Die Insel Grafenwerth ist ein wunderschön angelegter Park, der viele Möglichkeiten bietet, um dem Alltag zu entfliehen. Seit 100 Jahren gehört er zur Stadt Bad Honnef und ist ein beliebter Treffpunkt für alle Generationen. Zahlreiche Menschen nutzen die Insel zur Freizeitgestaltung, wobei sie aber nie überfüllt wirkt. Spaziergänger, Joggerinnen, Radfahrer, Wanderinnen, Fußballer und Basketballer beleben den Park. An der Boccia-Bahn trifft man hin und wieder Leute, die eine ruhige Kugel schieben.

TIPP

Eine Partie Minigolf auf der Anlage am Freibad ist immer ein kurzweiliges Freizeitvergnügen.

Zwei Brücken führen auf die Insel. Von der historischen Grafenwerther Brücke hat man einen wundervollen Ausblick zum Drachenfels und auf den Altarm des Rheins. Ein beliebtes Fotomotiv ist auch der dort vor Anker liegende und unter Denkmalschutz stehende Aalschokker Aranka. Die Berck-sur-Mer-Brücke führt auf direktem Weg zum Freibad inmitten der Insel. Mit einer großen Beckenlandschaft, einer 52 Meter langen Wasserrutsche und einem Planschbecken lädt das Schwimmbad in den Sommermonaten Jung und Alt zur Abkühlung ein.

Im nördlichen Teil der Insel befindet sich ein Biergarten, der bei schönem Wetter geöffnet ist. Unter Bäumen, direkt am Rheinufer sitzend, kann man es sich mit Leckereien vom Grill und verschiedenen Biersorten hier sehr gut gehen lassen. Ein abwechslungsreicher Spielplatz findet bei großen und kleinen Kindern Anklang. Weiter an der nördlichen Spitze von Grafenwerth laden Sitzkiesel zum Ausruhen ein. Ein wunderschönes Plätzchen, um die Natur und den Rhein auf sich wirken zu lassen und Kraft zu tanken.

- Insel Grafenwerth, 53604 Bad Honnef
- ÖPNV: Haltestelle Bad Honnef (Stadtbahn), ca. 700 Meter Fußweg

Übernachtung mit Stil

33 Im Schlosshotel Kommende Ramersdorf

Dornröschen hätte sich hier wohlgefühlt. Ein weißes Schloss strahlt im Sonnenlicht, an der Mauer davor strecken unzählige Rosen ihre Blütenköpfe in den unterschiedlichsten Farben in die Höhe. Das Schlosshotel Kommende Ramersdorf befindet sich im gleichnamigen Stadtteil am äußersten Rand von Bonn. Schon von der Autobahn und der angrenzenden Bundesstraße ist der weiße Prunkbau von Weitem zu entdecken. Als eine Niederlassung der Ritterorden gehört die Kommende Ramersdorf zu den ungefähr 300 Kommenden des Deutschen Ordens, die zwischen 1200 und 1300 in Verbindung mit den Kreuzzügen entstanden sind.

Aufgrund von Bauarbeiten am heutigen Autobahnkreuz drohte dem Schloss, das bis dahin durch viele Hände gewandert war, im Jahr 1973 das Aus. Eine Initiative von Bürgern rettete die Kommende, welche später von der Familie eines Antiquitätenhändlers umfangreich zum heutigen Hotel, Restaurant und Café renoviert und umgebaut wurde. Den Antiquitätenhandel, der noch auf einigen Schildern in der Umgebung beworben wird, gibt es inzwischen leider nicht mehr.

Durch einen hohen Torbogen gelangt man in den großzügigen Innenbereich des Schlosshotels. Das Restaurant besticht durch ein wundervolles Ambiente und eine gehobene Küche mit mediterranem Schwerpunkt. Ein besonderes Highlight ist die weitläufige Außenterrasse mit ihren bepflanzten Mauern und einem außergewöhnlichen Blick Richtung Bonn. Hat man wie Dornröschen seinen Märchenprinzen gefunden, dann kann man sich im Schlosshotel auch das Jawort geben. So wird der Traum von einer romantischen und märchenhaften Hochzeit in historischem Ambiente wahr. In den eleganten Zimmern und Suiten des Hotels, die den Glanz vergangener Zeiten widerspiegeln, findet die Hochzeitsgesellschaft gleich Platz zum Übernachten. Das Schlosshotel Kommende Ramersdorf ist ein Ort mit besonderer Atmosphäre, der alle Gäste auf eine Zeitreise mitnimmt und den Aufenthalt damit zu einer kleinen Auszeit werden lässt.

TIPP

Der ideale Abschluss nach Wanderungen zum Dornheckensee und zum Aussichtspunkt Rabenlay.

● Schlosshotel Kommende Ramersdorf, Oberkasseler Straße 10, 53227 Bonn-Ramersdorf, Tel. (02 28) 97 09 60, www.schlosshotel-kommende.de

● ÖPNV: Haltestelle Ramersdorf, ca. 600 Meter Fußweg

Kleiner Berg, ganz groß

34 Der Drachenfels über Königswinter

Der Drachenfels ist wohl der bekannteste unter den sieben Bergen. Unzählige Sagen und Mythen werden über ihn erzählt. Wahr oder nicht, sorgen diese Geschichten für magische Anziehung. Der Berg liegt oberhalb von Königswinter, ist gesäumt von tiefgrünem Wald und schroffen Felsen und ist von nah und fern ein imposanter Anblick. Oben steht die Burgruine, ein dreistöckiger Bergfried, das Wahrzeichen des Siebengebirges. Von Königswinter aus führen einige Wege hoch zum Felsen, doch der wohl bekannteste und schönste ist der Eselsweg. Früher konnten hier Kinder auf dem Rücken eines Esels nach oben gelangen. Unglaublich viele Bilder und Geschichten erinnern an diese Zeit. Schon beim Aufstieg wird man mit großartigen Ausblicken belohnt und kleine Ecken zum Ausruhen und Genießen lassen einen immer mal wieder verschnaufen.

Wer auf anderem Weg nach oben möchte, kann die Drachenfelsbahn nutzen. Die gibt es seit über 150 Jahren und sie erleichtert den Aufstieg erheblich. Mit einem Zwischenstopp bei der Drachenburg führt sie von Königswinter bis zum Plateau des Drachenfels. Der Berg ist durch aufsteigendes Magma entstanden und nicht nur für seine weitläufige Aussicht und die geheimnisvollen Geschichten berühmt. Das beliebte Gestein des Bergs hat es beispielsweise als Baumaterial bis zum Kölner Dom geschafft.

Ob es einen Drachen gab, der dem Berg seinen Namen gab, ist nicht bewiesen. Aber für die Romantiker unter uns wird er ein spannender und sagenumwobener Ort bleiben. Schließlich macht der Aufstieg noch mehr Spaß, wenn man sich vorstellt, hier wandelte einst ein Fabelwesen. Es lohnt sich immer, zwischendurch innezuhalten und alles, was um einen herum ist, in sich aufzunehmen. Die Natur bietet einem so viel Schönheit und durch den romantischen Charme dieses Bergs ist er ein Ort für Groß und Klein, Alt und Jung. Ist der Felsen erklommen und lässt man den Blick hinunter zum Rhein und ins weite Land schweifen, kommt bei jedem Begeisterung auf.

TIPP

Der Biergarten Am Drachenbrunnen unterhalb der Drachenburg lockt beim Abstieg mit kühlen Getränken.

- Burgruine Drachenfels, 53639 Königswinter
- ÖPNV: Bahnhof Königswinter, ca. 700 Meter Fußweg bis zur Drachenfelsbahn

Solide bedacht

35

In der Mäcki Hütte im Mucherwiesental

Nicht wandern ist auch keine Lösung. „Es gibt kein schlechtes Wetter, sondern nur falsche Kleidung", heißt es ja bekanntermaßen. Und wer im Siebengebirge Urlaub macht und wegen ein paar Regentropfen auf eine geplante Tour verzichtet, der weiß meist gar nicht, was er alles verpasst. Denn die Region bietet nicht nur bei perfektem Sonnenschein ein echtes Naturerlebnis, sondern bei nahezu allen Wetterbedingungen. Nichtsdestotrotz ist es aber auch im Siebengebirge ratsam, sich so zu verhalten, wie es für alle bergigen Regionen gilt. Angefangen bei der richtigen Kleidung und festem Schuhwerk über ausreichend Flüssigkeit und Verpflegung bis hin zu Kartenmaterial und der richtigen Planung vorweg sollten die üblichen Vorsichtsmaßnahmen ergriffen werden. Aber wie das Leben nun mal so spielt, kommt es erstens immer anders und zweitens als man denkt. Das Wetter schlägt in ein richtiges Unwetter um oder die eigene Kondition ist doch nicht so gut wie gedacht. Da ist es ein riesiges Glück, dass nahezu das gesamte Siebengebirge mit unzähligen Schutzhütten gespickt ist. Ein großer Teil der Sorge, plötzlich völlig ungeschützt dazustehen, kann den Wandernden damit genommen werden. So wird jeder Ausflug durch die Berge des Siebengebirges weniger zu einem Abenteuer, dafür aber mehr zu einer Reise der Entspannung und Erholung. Die Hütten sind in nahezu allen Karten verzeichnet, tragen fast immer markante Namen und taugen gut zur Orientierung.

Eine dieser Hütten ist die Mäcki Hütte. Sie liegt zentral an einer Gabelung, die die Wanderwege zwischen dem Himmerich, dem Leyberg und nach Bad Honnef-Selhof miteinander verbindet. Die 1972 durch den Orts- und Verschönerungsverein Selhof im Mucherwiesental errichtete Schutzhütte gehört zu den geräumigeren Hütten und bietet mit ihren zwei Räumen, Tischen und mehreren Bänken auch Platz für eine größere Wandergruppe. Ideal für eine längere Rast kann man hier die Beine ausstrecken und die Energiespeicher wieder voll auftanken.

TIPP

Die sehr bekannte Schutzhütte Frühmesseiche unweit von Ittenbach ist ein zentraler Knotenpunkt.

- Mäcki Hütte, Mucherwiesenweg, 53604 Bad Honnef
- ÖPNV: Haltestelle Bergischer Hof, ca. 3 Kilometer Fußweg

Damals und heute

36 Spurensuche im Brückenhofmuseum Oberdollendorf

„Brückenhofmuseum" steht in schöner Schrift auf dem weißen Anstrich des Fachwerkhauses aus dem 17. Jahrhundert. Betritt man das Museum in Oberdollendorf durch das große rote Tor, gelangt man in den mit Kopfsteinpflaster ausgelegten Innenhof. Durch eine weitere in Rot gehaltene Tür geht man in das kleine, aber feine Heimatmuseum und macht damit gleichzeitig einen Schritt in die Vergangenheit. Fast ehrfürchtig kann man in diesem wunderschönen Fachwerkhaus Erinnerungen aus Jahrhunderten, die auf kleinem Raum zusammengetragen sind, bewundern. Im Erdgeschoss befindet sich neben dem Museumsshop die Ausstellung einer kleinen Küche und einer Schuhmacherwerkstatt. Historische Werkzeuge und Apparate zeigen auf, wie damals in Oberdollendorf und der Umgebung gearbeitet wurde.

TIPP

Bei gutem Wetter nicht die Gelegenheit verpassen, durch die nahe gelegenen Weinberge zu wandern!

Im Obergeschoss wird neben einem Ausstellungsraum zur regionalen jüdischen Geschichte ein Einblick in die Schneiderei der damaligen Zeit geliefert. Richtig spannend ist die einmalige Sammlung von über 300 alten Gruppenfotos mit circa 6000 Personen, die identifiziert und namentlich erfasst sind. Wer jemanden aus der Region sucht, mit dem er verwandt sein könnte, wird hier vielleicht fündig.

Im Dachgeschoss kann man sich auf einer großen Karte die Streckenverläufe der alten Bahnlinien aus der Region anzeigen lassen. Mit viel Herz und Mühe wurde ein Modell der Heisterbacher Talbahn und des Steinbruchs am Weilberg gefertigt. Ausrüstungen der damaligen Berufe wie Steinmetz, Schreiner, Zimmermann und Küfer sind anschaulich dargestellt. Über das Jahr verteilt zeigt das Museum neben der Dauerausstellung verschiedene Sonderausstellungen zu Themen aus der Region. Ehrenamtlich durch die Mitglieder des Heimatvereins Oberdollendorf und Römlinghoven e. V. geführt, hat es außer in den Wintermonaten jeden ersten und zweiten Sonntag geöffnet. Nach einem Besuch wird einem mal wieder bewusst, wie wichtig es ist, mit der Zeit zu gehen, aber das Vergangene nicht zu vergessen.

- Brückenhofmuseum, Bachstraße 93, 53639 Königswinter-Oberdollendorf, Tel. (0 22 23) 91 26 23, www.brueckenhofmuseum.de
- ÖPNV: Haltestelle Oberdollendorf Mitte

Glückliche Elise

37 Kurvenreiches Schmelztal bei Bad Honnef

Wie leicht wird es einem ums Herz, wenn man aus der überfüllten und lauten Stadt hinaus in die Wälder und Natur hineingeht. So viel ruhiger und friedlicher ist es hier und es bedarf nur weniger Schritte, um dies wahrnehmen zu können. Jetzt hört man nicht mehr viel außer dem Zwitschern der Vögel, den Mäusen, die durchs Gebüsch huschen, und den kleinen Bächen, die neben einem her gluckern. Es braucht nicht viel, um glücklich zu sein.

Das Schmelztal bekam seinen Namen durch die Schmelzereien, die in der Zeit des Bergbaus und des Abbaus von Erzen an die Gruben angeschlossen waren. Für den Siebengebirgsraum befand sich hier die bedeutendste für die Gewinnung von Blei-, Kupfer- und Zinkerzen. Die Glückliche Elise beispielsweise gehört zu einer der vielen Gruben, die im Einsiedlertal, einem Seitental des Schmelztals, betrieben wurden. Jetzt steht sie als Bodendenkmal unter Denkmalschutz. Überreste davon sind noch heute an einigen Stellen zu sehen.

Das Schmelztal liegt sehr zentral im Siebengebirge. Die Schmelztalstraße verläuft aus dem Osten von Himberg mitten hindurch nach Bad Honnef im Westen. Ihr kurviger, spannender und abwechslungsreicher Verlauf ist den Auto- oder Motorradfahrern sicher bekannt. Fußgänger, Wanderinnen, Inlineskater und Radfahrerinnen kommen regelmäßig ebenfalls in den Genuss, nämlich dann, wenn es heißt: „autofreies Schmelztal“. Dann wird die Landstraße für den motorisierten Verkehr gesperrt und an den Wanderparkplätzen werden die Ausflügler mit Speisen und Getränken versorgt.

Die Wanderroute durch das Schmelztal führt auf einem gemütlichen Wanderweg parallel zur Landesstraße, aber ohne, dass man vom Verkehrslärm etwas mitbekommt. Der Wanderparkplatz Einsiedlertal ist ein sehr beliebter Anlaufpunkt, kann man sich von hier doch schnurstracks auf den Weg zur Löwenburg machen. Die vielen verschiedenen Möglichkeiten zur Erwanderung des schönen Tals sorgen für Abwechslung und jedes Mal darf man gespannt sein, mit welcher Überraschung die Natur aufwartet.

- Schmelztal, 53604 Bad Honnef
- ÖPNV: Haltestelle Sportplatz

Über Stock und Stein

38 Auf dem Rheinsteig durchs Siebengebirge

Auf 21 Etappen schlängelt sich der 320 Kilometer lange Rheinsteig rechtsrheinisch von Bonn nach Wiesbaden entlang. Der Fernwanderweg begleitet den Rhein auf einer wunderschönen und vielseitigen Route auf überwiegend schmaleren Pfaden. Mit seiner teilweise anspruchsvollen Steigung führt er durch Wälder, Weinberge und Seitentäler immer wieder zu spektakulären Aussichten und hat seine Bezeichnung als Premium-Wanderweg mehr als verdient.

Das Siebengebirge selbst wird dabei auf den ersten drei Etappen des Rheinsteigs erwandert. Er stellt schon eine konditionelle Herausforderung dar, da er nicht nur über gemütliche Wanderwege, sondern auch über richtig knackige Anstiege führt und er einen ordentlich ins Schwitzen bringen kann. Aber wie fast überall gilt auch hier: Der Weg sowie die Eindrücke und Erlebnisse unterwegs sind das Ziel.

TIPP

Etappen und weitere Infos über die offizielle Seite www.rheinsteig.de.

Das markante Zeichen, ein blaues R auf weißem Grund, symbolisiert den geschwungenen Rhein, der von jeder Aussicht zu sehen ist. Die Schilder kennzeichnen den Hauptweg in vorbildlicher Weise. Dieselben Zeichen in gelber Farbe markieren Zugangswege zum Rheinsteig. Die erste Etappe des Rheinsteigs beginnt in der Bundesstadt Bonn am Marktplatz. Nach wenigen Schritten überquert man schon den Rhein und von da an führt der gesamte Rheinsteig rechtsrheinisch entlang. Sobald man die Bundesautobahn 59 überquert hat, tritt man mit dem Aufstieg zum Foveaux-Häuschen in die üppige Natur ein. Von hier führt der Weg über das Kloster Heisterbach, den Petersberg und bis in die Altstadt von Königswinter. Die zweite Etappe erstreckt sich von Königswinter über den Drachenfels und Rhöndorf bis zur Löwenburg, von wo man nach Bad Honnef kommt. Auf der dritten Etappe folgt man dem Weg ab Bad Honnef über viele Waldpassagen hin zur Erpeler Ley bis in die Altstadt von Linz am Rhein. Wer die einzelnen Etappen nicht am Stück laufen möchte, kann über die gekennzeichneten Zuwege auch einzelne Teilabschnitte erkunden. So kann jeder ein Stück des Rheinsteigs im Herzen mit nach Hause nehmen.

● Rheinsteig, z. B. Einstieg am Foveaux-Häuschen, Foveauxweg, 53229 Bonn-Holtorf ● ÖPNV: Haltestelle Küdinghoven Kirche, ca. 900 Meter Fußweg

Ein schöner Tag

39

Fotos vom Profi aus St. Katharinen

Gerade im Zeitalter der permanent präsenten Smartphones, die beinahe jeden Moment festhalten, kann es etwas ganz Besonderes sein, professionelle Fotos machen zu lassen. Dieses Erlebnis bietet der Fotograf Aurelian Dragulin in seinem Atelier in St. Katharinen an. Bei einer Tasse Kaffee bespricht er zunächst persönlich mit seinen Kunden ihre Wünsche, bevor er bei einem Indoor-Shooting im behaglichen Dachgeschoss aus wunderschönen Bildideen bleibende Erinnerungen schafft. Detailliert wird dabei auf die örtlichen Gegebenheiten, die Dauer und den individuellen Ablauf des Shootings, für das man sich vorher anmelden sollte, eingegangen. Nicht nur das Ergebnis seiner Arbeit macht Freude, auch die Fotosession selbst bietet Gelegenheit, den Blick einmal in Ruhe auf sich selbst zu richten oder sich gemeinsam mit den Liebsten in Szene zu setzen und damit die Liebe oder eine Freundschaft gebührend zu feiern.

Aurelian Dragulin ist ein Künstler, der solche Momente möglich macht. Was als Hobby begann, ist zu einer großen professionellen Leidenschaft geworden. Mit der Unterstützung seiner Frau Anna hat er sich auf das Fotografieren von Menschen spezialisiert. Hochzeiten, Verlobungen und Familienfotografien gilt sein Hauptaugenmerk. Seine Freude an der Arbeit erkennt man, wenn man ihm über die Schulter schaut und er erklärt, was ihn an einem Bild fasziniert hat. Für ihn muss jedes Detail stimmig sein, damit er genauso zufrieden mit seiner Arbeit ist wie der Kunde.

Bucht man den Service von Aurelian Dragulin für Feste, liefert er auf Wunsch ein spezielles Highlight: eine selbst gefertigte Fotobox, die einem Passbildautomaten ähnelt. Diese Box kann für besondere Anlässe einzeln oder als Ergänzung zu einem Shooting gebucht werden und gibt den Gästen die Möglichkeit, immer, wenn ihnen danach ist, einen Schnappschuss in Profiqualität aufzunehmen. So können noch spät am Abend Momente festgehalten und gleich als Ausdruck in der Hand oder später in der Cloud bewundert werden.

TIPP

Die Arbeit von Aurelian Dragulin kann man auch auf Instagram und Facebook bewundern.

● Fotograf Aurelian Dragulin, Hochstraße 1 c, 53562 St. Katharinen-Notscheid, Tel. (0 15 16) 6 54 90 46, www.aurelian-d-photography.de
● ÖPNV: Haltestelle Dorf- und Vereinshaus

Mit dem Schienenbus

40 Zu Fuß oder mit dem Zug durch das Kasbachtal

Schon aus der Ferne hört man ein schrilles Pfeifen durch den Wald. Es kündigt die Ankunft eines Zugs an. Ratternd fährt die schillernde Kasbachtalbahn vorbei. Die Zuggäste belächeln die Wanderer, die sie lässig überholen, die Wanderer amüsieren sich über die Bahnfahrer wegen der verpassten Möglichkeit, die Natur in Ruhe zu genießen. Und doch sind beide froh, ihre Wahl getroffen zu haben. Denn jeder kann das Kasbachtal so erkunden, wie er möchte.

Die Wanderung beginnen kann man sowohl oben im kleinen, beschaulichen Kalenborn als auch von unten in der Stadt Linz am Rhein. Egal für welche Richtung man sich entscheidet, der Weg ist gleichermaßen anspruchsvoll. Allerdings verlangt die Bergauf-Variante deutlich mehr Kondition. Naturliebhaber schätzen die frische Luft und das berauschende Tal. Hier kann man auf einer interessanten Wegstrecke der Natur wundervoll nah sein. Über Stock und Stein, hoch und runter geht es durch das Kasbachtal. Durch Baumalleen und über kleine Brücken verläuft der Wanderweg parallel zu den Schienen der Bummelbahn. Der Kasbach ist ein stetiger Begleiter und gluckert fröhlich nebenher.

Die Kasbachtalbahn verrichtet ihren Dienst seit dem Jahr 1912. Ursprünglich wurde die Bahnstrecke genutzt, um Basalt und Erz aus den Steinbrüchen zu fördern. Die Strecke von Linz bis Flammersfeld wurde viele Jahre mit Personen- und Güterzügen befahren. Heute ist nur noch die Strecke zwischen Kalenborn und Linz geblieben, doch das Stück reicht für ein großartiges Erlebnis mit dem kleinen Schienenbus. Die ruckelige Fahrt durch die Naturlandschaft wird kurz durch Zwischenstopps an der Alten Brauerei und in Kasbach unterbrochen. So hat man die Möglichkeit, mit dem Zug zu fahren, wenn die Beine einen nicht mehr tragen wollen. Die Fahrkarten sind im Zug erhältlich. Die historische Bahn pendelt an Wochenenden und Feiertagen in der Zeit von März bis Dezember tagsüber stündlich, dann geht es in die Winterpause. Zusätzliche Fahrten sind dem aktuellen Fahrplan zu entnehmen.

TIPP

Am besten wird der Weg durchs Kasbachtal geteilt. Eine Strecke per pedes, die andere mit der Bahn.

● Kasbachtal, 53560 Linz am Rhein
www.zugtouren.de/Kasbachtalbahn/Fahrplan
● ÖPNV: Bahnhof Kalenborn (Kasbachtalbahn)

Ganz leicht hoch hinaus

41 Großer Ölberg bei Ittenbach

Auch geübte Wanderer kommen je nach Anzahl der Höhenmeter und der Streckenlänge selbst im Siebengebirge schnell an ihre Grenzen. Wer sich eine längere Tour nicht zutraut, aber trotzdem den Charme der Gipfel spüren möchte, für den ist seltsamerweise gerade der mit 461 Metern Höhe höchste Berg des Siebengebirges der ideale Einstieg. Er bietet gute Anreisemöglichkeiten, einen kurzen und direkten Aufstieg, ein Gasthaus auf dem Gipfel und den wohl weitesten Ausblick über das gesamte Siebengebirge mit all seinen Bergen, auf den Rhein und nach Bonn. Somit ist der Berg ideal auch für Reisende, die nur kurze Zeit in der Region verbringen. Genauso gut kann der Ölberg in verschiedene längere Wandertouren durch das Siebengebirge eingebunden werden.

TIPP

Einen der besten Blicke vom Siebengebirge auf Bonn bekommt man vom Toilettenfenster des Gasthauses.

Am Fuße des Ölbergs liegen mehrere Parkplätze. Von hier aus kann man sich zwischen dem direkten, aber steileren Weg oder einem kleinen Schlenker auf gut asphaltiertem Weg entscheiden. Mit strammem Schritt ist man in gerade einmal 30 Minuten auf dem Gipfel. Zu sehr hetzen sollte man aber nicht. Es lohnt sich, ein paar Minuten auf dem Aussichtspunkt auf halber Strecke zu verweilen und den wunderschönen Blick auf den Drachenfels zu genießen. Kurz vor dem Gipfel kommt man an dem Sendemast vorbei, der den Ölberg schon von Weitem erkennen lässt. Oben angekommen, lädt das „Gasthaus auf dem Oelberg" mit Aussichtsterrasse bei leckeren Wildgerichten und erfrischenden Getränken zum Ausruhen ein.

Dieses fantastische Panorama der angrenzenden Felsformationen sollte man sich auf keinen Fall entgehen lassen. Zu etwas ganz Besonderem wird die Aussicht in den Abendstunden und bei Sonnenuntergang, wenn die Sonne in romantischem Blutrot über Bonn verschwindet. Die Vielfältigkeit des Ölbergs zeigt sich besonders eindrucksvoll im Wechsel der verschiedenen Jahreszeiten. Daher kommen die Fotografen unter uns immer wieder auf den Gipfel zurück, um den idealen Schnappschuss zu ergattern.

- Großer Ölberg, 53639 Königswinter
- ÖPNV: Haltestelle Margarethenhöhe, ca. 1 Kilometer Fußweg

Verstecktes Paradies

42 Relaxen im Arboretum Park Härle in Oberkassel

Das kräftige Grün und die leuchtenden Farben um einen herum wirken sofort entspannend. Obwohl die Schnellstraße und die Stadt nicht weit entfernt liegen, wirkt dieser Ort still und idyllisch. Im Arboretum Park Härle kann man wunderbar entschleunigen und zur Ruhe kommen. Er liegt versteckt in Bonn-Oberkassel und ist nur an bestimmten Terminen oder mit angemeldeten Gruppen zugänglich. Damit ist er ein wundervolles Kleinod, das von der gleichnamigen Stiftung erhalten, gepflegt und für die Wissenschaft und Forschung sowie die interessierte Öffentlichkeit zur Verfügung gestellt wird.

Inmitten dieser Oase beherbergt die Anlage, die durch die anliegende Straße in den Alten und Neuen Park geteilt wird, eine beeindruckende Sammlung von Bäumen, Stauden und Sträuchern. Über 2500 Exemplare aus den verschiedensten Ländern der Welt sowie einheimische Pflanzen können die Besucher auf dem gut angelegten Weg entdecken. Bänke hat es im Garten Eden wohl nicht gegeben, aber hier laden sie dazu ein, sich niederzulassen, den Bienen und Schmetterlingen beim Summen zuzuhören oder einfach die Seele baumeln zu lassen. Im Neuen Park befindet sich ein Teich mit Seerosen, in dem die heimische Sumpfschildkröte ihr Zuhause hat. Eine Obstwiese mit kleinen Teichen für Unken und Frösche grenzt daran an.

TIPP
Es empfiehlt sich, das Auto in Oberkassel stehen zu lassen und den Weg zum Park zu Fuß zu gehen.

Bei Führungen durch den Park wird den Besuchern die Möglichkeit gegeben, sich die Natur wieder bewusster zu machen. Belohnt wird man durch tiefere Einblicke in die botanischen Besonderheiten der Pflanzen und die Geschichte des Parks, die die Experten mit viel Leidenschaft vermitteln. Den Grundstein für diesen imposanten Park legte Gründer und Pflanzenliebhaber Dr. Carl Härle. Sein Ziel war es, einen Ort zum Erleben und Genießen der Pflanzenvielfalt zu schaffen. Dies ist ihm eindeutig gelungen. Mit seiner Farbenvielfalt, den mächtigen Bäumen und zahlreichen Pflanzen ist der Park auch ein Paradies für Fotografen. Zu jeder Jahreszeit bietet die malerische Stimmung der Anlage das perfekte Glücksmotiv.

- Stiftung Arboretum Park Härle, Büchelstraße 40, 53227 Bonn-Oberkassel, Tel. (02 28) 2 49 92 70, www.arboretum-haerle.de
- ÖPNV: Haltestelle Oberkassel Mitte

Lieblicher Gesang

43 Romantik pur im Nachtigallental

„Es war die Nachtigall und nicht die Lerche …“ Mit diesen beruhigenden Worten versuchte Julia, ihren geliebten Romeo nach der Liebesnacht zu überreden, weiter bei ihr zu bleiben. Es mag daher nicht verwundern, dass das romantischste Tal im ganzen Siebengebirge nach der lieblichen Nachtigall benannt wurde. Allerdings hieß das Tal nicht von Anfang an so und der Name ist auch nicht auf ein erhöhtes Aufkommen des Vogels zurückzuführen. Genannt wurde das Tal ursprünglich Mennesbachsiefen. Um in der Mitte des 19. Jahrhunderts für mehr Touristen im Siebengebirge zu sorgen, wurde das früher schmale Tal ausgebaut und in Nachtigallental umbenannt. Da das Tal die Romantik der gesamten Naturlandschaft widerspiegelte, ist dieser Name wohl passend. So wird auch der laute, komplexe Gesang der Nachtigall vom Menschen als sehr schön und angenehm empfunden.

Um in das Nachtigallental zu gelangen, lässt man die Altstadt Königswinter hinter sich und startet nicht weit vom Bahnhof kurz hinter der Überführung der Bundesstraße auf einem unbefestigten Fußweg. Jetzt kann man abtauchen in die verwunschene Seite des Siebengebirges. Der Mennesbach begleitet einen leise gurgelnd auf dem Weg. Durch den dichten Baumbestand und die steilen Hänge ist es hier gerade im Sommer angenehm kühl. Schon früher wurde das Tal als schattig und romantisch beschrieben.

Entlang des Wanderwegs hinauf zur Hirschberghütte findet sich auch die ein oder andere Überraschung. Mit dem Willi-Ostermann-Denkmal wurde der Kölner Liedermacher geehrt. An einem Altartisch wurden zu früheren Zeiten sogar Waldgottesdienste zelebriert. Kleine Höhleneingänge in den Felswänden wirken wie die Augen eines schlafenden Drachens. Bei einem Abstecher an einer Weggabelung zu Beginn des Wegs kann man einen tiefen Abschnitt mit Tuffgestein, den sogenannten Höllentuff, bewundern. Ein Graffiti auf einer Druckerhöhungsanlage erweckt die Drachen wieder zum Leben und stellt ein beliebtes Fotomotiv dar.

- Nachtigallental, 53639 Königswinter
- ÖPNV: Bahnhof Königswinter

Herbstlicher Jahrmarkt

44

Der Martini Markt in Bad Honnef

Rheinische Spezialitäten wie den Kartoffelkuchen Kesselsknall muss man einfach probiert haben. Zusammen mit internationalen Köstlichkeiten, herrlichen Weinen aus der Region, Honig von fleißigen Bienen aus dem Siebengebirge bis hin zum gepflegten Bier – auf dem traditionellen Martini Markt in Bad Honnef wird der Gaumen intensiv verwöhnt. Je nachdem wie die Temperaturen zu dieser Jahreszeit sind, gibt es heiße Maronen und auch einen Glühwein, der nicht nur das Herz erwärmt. Sollte es nicht ganz so kalt sein, ist der Genuss von einem guten Kölsch auch nicht zu verachten. Lederwaren, Schmuck, Dekorationen für Herbst und Weihnachten, handgefertigte Seifen, Kostüme für die fünfte Jahreszeit, die schon bald am Elften im Elften startet, Spielzeug in verschiedenen Variationen und andere außergewöhnliche Handwerksprodukte runden das Angebot ab. Farbenfroh und stimmungsvoll geht es auf dem Markt zu, was am Abend durch großartige Beleuchtung und Musik noch eine Steigerung erfährt.

TIPP
Am besten mit dem Fahrrad, Bus oder der Bahn anreisen, die Innenstadt ist zu Marktzeiten gesperrt.

Der Martini Markt läutet jedes Jahr den Herbst ein und findet Ende Oktober/Anfang November statt. Rund um den Marktplatz von Bad Honnef wird die Innenstadt dekoriert und mit Laternen, Lichterketten, Kürbissen und Heuballen in die passende herbstliche Stimmung gebracht. Sowohl für Erwachsene als auch für Kinder werden zahlreiche Aktivitäten geboten. Dazu gehört insbesondere das altdeutsche Riesenrad. Als wahrer Hingucker kommen dadurch nicht nur ältere Semester ins Schwärmen und Schwelgen in Erinnerungen. Auch bei der jungen Generation kann man das Leuchten in den Augen erblicken.

Von oben hat man ganz nebenbei den besten Blick über Bad Honnef und den gesamten Trubel des Martini Markts. Hier kann man die Stimmung der Herbstzeit in ganz besonderer Weise einfangen und eine Erinnerung für die komplette Familie schaffen. So denkt man später gerne an diesen wunderschönen Ausflugstag zurück und kann sich gleichzeitig auf das nächste Jahr freuen.

- Martini Markt, Marktplatz, 53604 Bad Honnef
- ÖPNV: Haltestelle Städtisches Kurhaus

Kaffeekränzchen im Wald

45 Zu Gast im Ausflugslokal Milchhäuschen

Zunächst kaum erkennbar, ragt mit jedem weiteren Schritt, mit jeder weiteren Kurve das rote Dach des Milchhäuschens aus dem Blättergrün hervor. Egal aus welcher Richtung man sich dem Ausflugslokal nähert, es lädt zum Erholen und Verschnaufen ein. Wanderer können hier ihren Appetit auf etwas Kühles und Erfrischendes stillen und sich für die weiteren Anstrengungen stärken. Egal ob man vom Drachenfels, Petersberg, der Margarethenhöhe oder direkt vom Parkplatz Am Dicken Stein gestartet ist, der Weg führt unmittelbar am Milchhäuschen vorbei. Wie im Naturschutzgebiet Siebengebirge häufig, ist auch hier die Anreise nur zu Fuß möglich.

Der modern eingerichtete und doch urige Gastraum mit einem Kamin in der Ecke für kalte Wintertage lädt zum Verweilen, Quatschen und Krafttanken ein. Der Raum strahlt eine freundliche Wärme aus und wirkt mit den karierten Vorhängen und der dezenten Dekoration recht gemütlich. Das kulinarische Angebot reicht von herzhaft bis süß. Belgische Waffeln oder Kuchen für den Kaffeegenießer und Tageseintöpfe, Curry- oder Bratwurst vom Wildschwein in Verbindung mit einem kühlen Getränk laden die Akkus auch des müdesten Wanderers wieder auf. Doch nicht nur Wanderer sind hier gut aufgehoben, sondern auch alle, die eine besondere Location für ihre Veranstaltung wünschen. Ob Hochzeit, Firmenfest oder Brunch mit seinen Liebsten, die separate Scheune bietet Platz für ungefähr 90 Personen.

Das Milchhäuschen erhielt seinen Namen in den 1920er-Jahren und war damals schon für Kutscher und Wanderer eine gut erreichbare Location. Insbesondere Kaffeetrinker fanden ihren Gefallen an dem entlegenen Milchhäuschen. Als Geheimtipp wurde es immer beliebter und sprach sich so weit herum, dass selbst Beethoven seinen Weg hierhin fand. Es wird berichtet, er habe darauf bestanden, dass genau 60 Bohnen in seinen Kaffee gehörten. Als Erinnerung daran führt daher der BeethovenWanderweg direkt am Milchhäuschen vorbei.

TIPP

Am Milchhäuschen kommt man auf der ersten Etappe des Rheinsteigs von Bonn nach Königswinter vorbei.

- Milchhäuschen, Elsigerfeld 1, 53639 Königswinter, Tel. (0 22 33) 9 06 10 42 www.milchhaeuschen.com
- ÖPNV: Haltestelle Rosenauer Weg, ca. 1,5 Kilometer Fußweg

Milchhäuschen
Milchhäuschen

Mehr, als man erwartet

46

Das verträumte Örtchen Rheinbreitbach

Kleinere Orte stehen häufig im Schatten der größeren. Ein solcher ist die Ortsgemeinde Rheinbreitbach, die mit ihren knapp 4500 Einwohnern direkt an das Stadtgebiet von Bad Honnef angrenzt. Wie eine kleine Schatztruhe, die erst gesucht und gefunden werden will, verbirgt der Ort etliche kleine Kostbarkeiten, die man entdecken und erkunden kann. Durch seine Lage direkt am Rhein und am Rande des Siebengebirges finden zahlreiche Wanderwege ihre Route durch Rheinbreitbach. Auch der Rheinsteig ist gut zu erreichen. Über die Westerwaldstraße gelangt man über „Das Auge Gottes“ in das südliche Siebengebirge.

Abwechslungsreich ist der Ort durch seine vielen kleinen Fachwerkhäuser im Ortskern, die Leonarduskapelle und die Obere und Untere Burg sowie das kleine Heimatmuseum. In diesem werden die Zeugnisse der Zeit des Bergbaus in der Region ausgestellt. Die Untere Burg ist nur noch als Ruine erhalten, die Grundzüge wurden restauriert und der sie umgebende Platz umgebaut, während die Obere Burg als Gemeinde- und Kulturzentrum weiterhin genutzt wird. Sie dient unter anderem mit ihrem Park als Ort für jährlich stattfindende Veranstaltungen.

TIPP

Der Campingplatz direkt am Rhein lädt auch zu einem längeren Aufenthalt ein.

Um vom Ortskern zum Rhein und zum dortigen Campingplatz zu kommen, nutzt man zu Fuß am besten die stählerne Brücke über die Bundesstraße B 42. Darauf kann man kurz verweilen, um sich über die Hektik der Autofahrer zu wundern. Für eine der imposantesten Aussichten auf den Ort Rheinbreitbach, den Rhein, Bonn und den kompletten Siebengebirgszug muss man von der Unteren Burg nur einem schmalen, aber sehr steilen Trail folgen. Oben angekommen, ist man zwar aus der Puste, wird aber mit gemütlichen Bänken und einem enormen Weitblick belohnt. Das sorgt unmittelbar für ein Gefühl der Regeneration und Ruhe.

Man sollte all die kleinen Orte nicht unterschätzen. Sie bergen in ihrem idyllischen Kern oft viel Schönes und Wunderbares und sind immer wieder für eine Überraschung gut. Klein, aber oho trifft es hier am besten.

- 53619 Rheinbreitbach
- ÖPNV: Haltestelle Denkmal oder Hauptstraße

Rote Bäckchen

47 Haus Rabenhorst in Unkel

Wer kennt ihn nicht aus der Kindheit, den Rotbäckchen-Saft? Entstanden Anfang der 50er-Jahre sollten mit dieser Marke die Familien der Nachkriegszeit mit den notwendigen Vitaminen und Mineralstoffen versorgt werden. Das seit über 200 Jahren bestehende Familienunternehmen Haus Rabenhorst steht bis heute für gesunde Ernährung und intakte Natur. 1805 gründete Pfarrer Johann-Heinrich Lauffs ein Weingut in Oberwinter. Die Familie zog 1885 auf das heutige Betriebsgelände in Unkel. Dort, wo heute noch das prachtvolle Haus zu bewundern ist, nisteten Raben in ihrem Horst. Das brachte ihn auf die Idee, das Unternehmen danach zu benennen. 1898 begann sein Urenkel mit der Produktion von alkoholfreiem Medizinal-Naturwein. Also Säften, die länger haltbar waren. Der Rote Rabenhorster war geboren und damit der Beginn einer langjährigen Ära.

In der Zeit der Apfelernte werden von regionalen Bauern und auch von Apfelbaumbesitzern aus dem Umkreis die Äpfel geliefert und dann zu köstlichen Säften verarbeitet. Dass der Apfelsaft, den man dann zu Hause genießt, aus dieser schönen Region stammt, gibt ein gutes Gefühl. Es werden nur Direktsäfte und Muttersäfte hergestellt und verwendet. Den Säften werden keine zusätzlichen Aromen, Farb- und Konservierungsstoffe oder Zucker zugesetzt, was sie so besonders und gesund macht. Darauf legt das Haus Rabenhorst seit jeher großen Wert.

TIPP

Auf dem Rotbäckchen-Rundwanderweg die Stadt Unkel und Umgebung erkunden.

Mittlerweile werden über 80 verschiedene Säfte vermarktet und im schönen Unkel hergestellt. Mit immer neuen Aktionen bleiben sie ihrer Tradition treu und hinterlassen einen unvergessenen Geschmack. Seit 2012 gibt es hier einen Werksverkauf, in dem man die großartigen Säfte direkt nach der Herstellung erwerben kann. Von Obstsäften, Gemüsesäften und natürlich den altbewährten Produkten wie den Rotbäckchen-Säften ist alles erhältlich. Beim Herstellen der Rabenhorst-Säfte wird zwar nicht gezaubert, aber man kann sagen, sie zaubern ein Lächeln ins Gesicht.

● Haus Rabenhorst, Rabenhorststraße 1, 53572 Unkel, Tel. (0 22 24) 1 80 51 00
www.haus-rabenhorst.de
● ÖPNV: Bahnhof Unkel

Rotbäckchen®
Das Beste
weitergeben!

Lieblingsplatz

48

Der Wäller Blick vom Willscheider Berg

Verträumt geht der Blick in die Weite. Gemütlich ist die Bank, auf der man besser liegen als sitzen kann. Durch ihre geschwungene Form passt sie sich dem Körper perfekt an. So lässt es sich aushalten und genießen. An diesem Ort kann man sich selbst Zeit schenken und alles, was einen belastet oder traurig macht, für einen Moment daheim lassen. Am Wäller Blick, einem Aussichtspunkt des Willscheider Bergs, ist Gelegenheit für diese erholsame Auszeit. Abgelegen und durch einen Rundwanderweg erreichbar, liegt der Aussichtspunkt direkt über dem friedvollen Örtchen Vettelschoß. Bei guten Wetterbedingungen reicht der Blick bis zum Westerwald. Daher kommt auch der Name „Wäller Blick". In der Sommerzeit flattern in der Dämmerung kleine Fledermäuse völlig geräuschlos um einen herum.

TIPP

Im Sommer zur Abkühlung dem Blauen See einen Besuch abstatten.

Der Willscheider Berg, der zur Gemeinde Vettelschoß gehört, ist 360 Meter hoch und wurde ursprünglich als Basaltsteinbruch genutzt. Dort hat sich im Laufe der Jahrzehnte ein großer See gebildet. Durch die steilen Felswände ist der See nicht zugänglich und beheimatet ein Biotop mit seiner Tierwelt. Mit guten Parkmöglichkeiten ausgestattet, bietet der Willscheider Berg vielfältige Naherholungsoptionen, ob auf der Gassi-Runde mit dem Hund, bei einem kleinen Fußballmatch auf dem Bolzplatz oder auf der täglichen Jogging- oder Nordic-Walking-Runde. Die sorgsam angelegten und gut gepflegten Wanderwege sorgen für ein unvergleichliches Erlebnis. Das Bürgerhaus der Gemeinde Vettelschoß wurde bis 1983 als Betriebsgebäude für den Steinbruch genutzt. Heute bietet es eine gute Location für Familienfeiern. Einzelne Ausstellungsstücke, wie eine Lore oder ein Sprengbunker, erinnern an die Zeit des dortigen Bergbaus.

Die Spaziergänge und Ausflüge sind hier besonders wohltuend, da das Gebiet nicht überlaufen ist. Allein durch die Wälder wandeln, sich auf sich selbst besinnen und Geborgenheit in der Natur spüren. Selbstfürsorge kann hier am entlegenen Teil des Siebengebirges so einfach sein.

- Aussichtspunkt Wäller Blick vom Willscheider Berg, 53560 Vettelschoß
- ÖPNV: Haltestelle Grundschule am Blauen See

Sonnen
Platz

Das Märchenschloss

49 Schloss Drachenburg in Königswinter

So wie die Bayern ihr Märchenschloss Neuschwanstein haben, steht im Siebengebirge das Schloss Drachenburg. Hoch über Königswinter und unterhalb des Drachenfels ragt es schon aus der Ferne sichtbar hervor. Erbaut von einem Baron, aber nie von einem König oder einer Königin bewohnt, fühlt sich der Besuch dennoch so an, als seien hier die schönsten Märchen entstanden. Kaum ein anderes Bauwerk im Siebengebirge verkörpert den Begriff der Rheinromantik besser.
Der Aufstieg ist zu Fuß oder mit der Drachenfelsbahn möglich. Über eine kleine Brücke, von der man schon mit einem großartigen Blick belohnt wird, erreicht man die Vorburg. Ein Kiesweg führt durch eine große Parkanlage zum Schloss. Einen Spaziergang durch den Park sollte man sich nicht entgehen lassen. Neben dem Haupteingang erstreckt sich die Venusterrasse. Mit ihren Brunnen und bunten Rosensträuchern lädt sie zum Verweilen ein. Die Bänke sind so ausgerichtet, dass der Blick auf dem Schloss und den zwei goldenen Hirschen ruht. Die Magie, die diesen Ort umgibt, wird spürbar. Hier bietet es sich an, ein wenig Zeit zum Genießen und Erholen einzuplanen, um auch den Blick auf das Rheintal und die umliegenden Berge des Siebengebirges auf sich wirken zu lassen. Das Gefühl, wie in einem Märchen zu sein, kommt auf und man geht mit einem Lächeln weiter.

TIPP
In der Gaststätte im Schloss kann man Flammkuchen bei wunderbarer Aussicht genießen.

Das Schloss bietet im Innenbereich zauberhafte und interessante Zimmer zum Bestaunen. Von der Kunsthalle über das Nibelungenzimmer, das selbstverständlich nicht fehlen darf, bis hin zum Kneippzimmer sind sie für die Besucher zugänglich. Interessierte können mithilfe eines Audioguides oder einer klassischen Schlossführung ihr historisches Wissen über das Schloss erweitern.
Der Nordturm ist das höchste Gebäude des Schlosses und für die perfekte Aussicht führt eine Wendeltreppe bis ganz nach oben. Hier kann man an guten Tagen sogar den Kölner Dom erkennen und hat einen traumhaften Blick auf Siebengebirge und Rheintal, Märchenfeeling inklusive.

- Schloss Drachenburg, Drachenfelsstraße 118, 53639 Königswinter
www.schloss-drachenburg.de
- ÖPNV: Bahnhof Königswinter, ca. 700 Meter Fußweg bis zur Drachenfelsbahn

Über den sieben Bergen

50 Pause machen in der Schneewittchenhütte

„Frau Königin, Ihr seid die Schönste hier, aber Schneewittchen über den Bergen bei den sieben Zwergen ist noch tausendmal schöner als Ihr." Welches Kind kennt sie nicht, diese Worte des verzauberten Spiegels zur bösen Stiefmutter aus dem Märchen der Gebrüder Grimm? Und wer hat nicht die Szene im Kopf, in der Schneewittchen in der viel zu kleinen Hütte der Zwerge von dem gedeckten Tisch von jedem Tellerchen ein wenig Brot und Gemüse isst und aus jedem Becherlein einen Tropfen Wein trinkt? Und wie sie versucht, weil sie so müde ist, sich in eines der viel zu kurzen Betten zu legen? Und wie die Zwerge dann nach Hause kommen und sich wundern, dass jemand dort ist, sie aber Schneewittchen nicht wecken wollen, weil sie so schön aussieht und so tief und fest schläft?

Diese Kindheitserinnerung kommt vielen in den Sinn, wenn sie von den sieben Bergen des Siebengebirges hören. Umso schöner ist es, wenn man bei einer Wandertour auf die Schneewittchenhütte trifft. Sie ist eine gemütliche Schutzhütte, die mit ehrenamtlichem Einsatz im Jahr 1996 liebevoll erbaut und eingerichtet wurde. Gartenzwerge begrüßen den Besucher und eine kleine Bücherecke lädt zum Schmökern und Verweilen ein. Es empfiehlt sich, diesen Ort als Teil einer der zahlreichen Rundwanderungen entlang des Logebachs zu entdecken. Dabei lassen sich weitere Highlights wie der Servatiushof, die Drei Eichen, das Schmelztal oder die Wehrhütte Frühmesseiche erkunden. Am besten macht man sich mit geeignetem Kartenmaterial auf den Weg.

Die Hütte selbst liegt gut erreichbar am Wanderweg durch das ebenfalls märchenhafte Logebachtal. Das idyllische Wiesental mit dem plätschernden Logebach leistet seinen Beitrag, um hier eine verwunschene Atmosphäre zu schaffen. Bei einer Rast in der Schneewittchenhütte fühlt man sich fast selbst wie im Märchen. Nur an einem Stück Apfel sollte man sich hier lieber nicht verschlucken. Schließlich weiß man nie, wann der nächste Prinz auf seinem edlen Pferd vorbeigeritten kommt.

- Schneewittchenhütte, Logebachtal, 53604 Bad Honnef
- ÖPNV: Haltestelle Siefenhofen, ca. 1,5 Kilometer Fußweg

Traumhafte Aussichten

51 Auf der Schaaffhausenkanzel am Korferberg

Den Blick auf dem dahingleitenden Rhein ruhend, im Rücken das kräftige Grün des Bergs. So lässt es sich hier auf einer Bank in der Sonne unbeschwert aushalten. Gerade im Frühjahr, wenn alles anfängt zu blühen und zu wachsen, ist dieser Aussichtspunkt eine willkommene Abwechslung. Wenn die Sonne gerade beginnt, an Kraft zu gewinnen, ist der Aufstieg zur Kanzel besonders erfrischend.

Um den Aussichtspunkt zu erreichen, ist es empfehlenswert, von Rhöndorf oder Rommersdorf zu starten. Der Schaaffhausenstraße folgend geht es vorbei an urigen Fachwerkhäusern, kleinen Gärten und weidenden Schafen. Der Möschbach plätschert währenddessen fröhlich neben einem her. Nach dem mittellangen Aufstieg wird man mit einem Blick auf den Rhein und Bad Honnef belohnt.

Bevor es hinauf zur Kanzel geht, kann man einen Blick auf die Villa Schaaffhausen werfen. Sie ist Namensgeber für die Aussichtskanzel am Korferberg. Die burgartige Anlage steht unter Denkmalschutz. Die Kanzel wurde von dem deutschen Anthropologen und Naturwissenschaftler Hermann Schaaffhausen errichtet und diente ihm unter anderem als Verweilort für sich und seine Gäste. Der vor ein paar Jahren drohende Abriss der Kanzel konnte durch eine großzügige Spende der Bad Honnefer Familie Stegger abgewendet werden. Die Kanzel wurde daraufhin mit Natursteinen neu gefasst und die historischen Steine dienen heute als Sitzgelegenheit.

TIPP
Neben der Kanzel liegt ein sonniges Stück Wiese. Picknickdecke nicht vergessen!

Wer weiter durch das Siebengebirge wandern möchte, kann einem von zwei abzweigenden Wegen folgen. Es sind beliebte Wanderungen, die jeweils als Rundwege genutzt werden können. Die leichte Tour geht durchs Annatal und Tretschbachtal, die mittelschwere führt hoch zur Löwenburg. Wer es eher herausfordernd mag, nimmt sogar eine 6-stündige Tour auf sich, die tolle Aussichten ins Rheintal und eine fantastische Natur bereithält. Egal für welche Tour man sich entscheidet, am Ziel angekommen, zählt nur, dass es Spaß gemacht und der Erholungsfaktor sich eingestellt hat.

- Aussichtskanzel am Korferberg, 53604 Bad Honnef
- ÖPNV: Haltestelle Rommersdorf Feuerschlößchen, ca. 1 Kilometer Fußweg

Urige Gemütlichkeit

52 Die Alte Brauerei im Kasbachtal

Prost und Mahlzeit! Jetzt geht es einem wieder so richtig gut. Bei einer wunderschönen Wanderung durchs Kasbachtal ist der Appetit groß und der Durst noch größer. Da kommt die Alte Brauerei, an der man unweigerlich vorbeigeht, mehr als gelegen. Sie liegt einige Höhenmeter oberhalb von Linz am Rhein und ist mit dem Auto, dem Fahrrad, zu Fuß oder gar mit der nostalgischen Kasbachtalbahn zu erreichen.
Das große Tor am Eingang lässt schon erahnen, dass es sich bei der Alten Brauerei nicht einfach nur um ein altes Brauhaus handelt. Die vor mehr als 16 Jahren stillgelegte Brauerei ist ein ganz spezieller Ort. Hier wird auf den ersten Blick die Leidenschaft der Besitzer für die alte Zeit sichtbar. In der Gaststube tritt man in eine einmalige und urige Atmosphäre ein. Alte Schätzchen aus vergangenen Tagen schmücken den Raum. Schnell kommt man ins Gespräch über das ein oder andere Erinnerungsstück und ins Schwärmen von der guten alten Zeit. Bei original Steffens Bier und dampfenden Brauhausspezialitäten kann man hier gemütliche Stunden verbringen und kommt während des Essens und Trinkens aus dem Staunen nicht heraus.
Nach der Mahlzeit lohnt sich ein Rundgang über das restliche Gelände. Die Wände der Gebäude im Innenhof sind mit alten Emailleschildern plakatiert, ein Nostalgiemuseum aus der Zeit unserer Großeltern zeugt von der Sammelleidenschaft der Eigentümer. Mit viel Liebe wurde hier eine immense Sammlung aufgebaut, von der alten Kaffeedose bis hin zu Oldtimern. Übernachtungsmöglichkeiten gibt es im ältesten Gebäude der Brauerei. Die im mediterranen Stil gestalteten Gästezimmer verheißen eine gute Nacht. Auch für Betriebsausflüge, Hochzeiten oder Jubiläen bietet die Alte Brauerei das passende, stimmungsvolle Ambiente.
Einst und Heute sind an diesem Ort wunderbar vereint. Es ist pure Freude, hier ein wenig in nostalgischen Erinnerungen zu schwelgen und sich im Hier und Jetzt ein gutes Bier schmecken zu lassen.

TIPP

Der nostalgische Weihnachtsmarkt ist eine feste weihnachtliche Größe in der Region.

- Alte Brauerei, St. Severinsberg 1, 53547 Kasbach-Ohlenberg, Tel. (0 26 44) 98 07 80 www.alte-brauerei-kasbachtal.de
- ÖPNV: Haltestelle Brauerei Steffens (Kasbachtalbahn) oder Bürgerhaus, ca. 1 Kilometer Fußweg

Einsam, still und leise

53 Der Große Breiberg

Stille. Nur ein zwitschernder Vogel ist zu hören. Zwei Bänke stehen sich gegenüber, laden zum Sitzen und Verweilen ein. Weg von Stress und Hektik, raus in die Natur und rauf auf den Berg. Der Große Breiberg gehört nicht zu den bekannten sieben, er ist mit seinen 313 Metern nicht der größte, aber auch nicht der kleinste. Und wer sagt denn, auf die Größe kommt es an? Allein durch den wundervollen Ausblick und die wenigen, die sich hierhin verirren, ist er einer der Orte, an denen die Stille noch ein Stückchen leiser ist.

Auf dem Großen Breiberg kann es einsam sein, vielleicht weil man sich beim Aufstieg immer mal wieder auf einen schmalen Grat wagen muss. Von Rhöndorf aus führt ein Wanderweg über den Rheinsteig hin zur Schutzhütte Breiberg, hier gabelt sich der Weg zum Kleinen Breiberg und zum Großen Breiberg. Dem schmalen Weg folgend, geht es hoch zum Gipfel. Mit einem gigantisch schönen Ausblick und sehr viel Ruhe wird man für den steilen, anstrengenden Aufstieg entlohnt. Es eröffnet sich einem einmal mehr das Rheintal, der Drachenfels und die Wolkenburg.

Sein Name hat an sich nichts mit Brei zu tun, er hieß früher Briberich, was so viel bedeutet wie gewunden oder gedreht. Nach einer neueren Deutung bedeutet es eher breiter Berg. Er hat durch seine steil abfallenden Seiten und den schmalen Aufstieg beinahe einen alpinen Charakter. Der Bereich der beiden Breiberge ist eine Naturwald-Schutzzone, die mit artenreichen Eichen und Hainbuchenwäldern durchzogen ist. Eine über 30 Meter hohe Elsbeere, eine seltene Baumart, hat hier ebenfalls ihren Platz zur Entfaltung gefunden. Der Schwarzspecht hat im unteren Teil des Bergs sein Zuhause und ab und zu hört man ihn mit seinem fleißigen Klopfen an den Bäumen.

Hierhin verlaufen sich nicht viele Wanderer, was sein Gutes hat, denn somit bleibt er einerseits ein ruhiger und schöner Geheimtipp und ist jeden zurückgelegten Wanderkilometer wert. Andererseits kann man nur jedem ans Herz legen, ihn einmal zu besuchen.

- Großer Breiberg, 53604 Bad Honnef
- ÖPNV: Bahnhof Rhöndorf, ca. 2 Kilometer Fußweg

Was für ein Spectaculum

54

Gaukelei auf dem Weihnachtsmarkt in Siegburg

„Heda! Habet Ihr Eure Wahl schon getroffen?“ Wer diese Frage hört und jetzt einen Becher Met bestellt, der befindet sich vermutlich auf dem mittelalterlichen Weihnachtsmarkt in Siegburg. Schnell muss man dann seine „Thaler“ zusammensuchen und das heiße Getränk in Empfang nehmen. Mit dem steinernen Becher, auf dem sich ein passendes Drachenemblem befindet, in der Hand kann man nun die Zeitreise beobachten, auf der man sich gerade befindet. Inmitten des Marktplatzes steht ein prächtiger Weihnachtsbaum. Der Duft von frisch gebackenem Brot aus einem Holzbackofen steigt einem zusammen mit leichten Raucharomen in die Nase. Dazu gesellen sich die Honignote des Mets und unzählige weitere Düfte. Wenn sich darunter noch die Aromen von Falafel, Spanferkelbraten, Knoblauchbrot, Gemüse, Flammlachs und Apfelküchle mischen, ist der aufkommende Appetit kaum noch zu zügeln.

Wer feilschen möchte, ist bei den Krämern richtig aufgehoben. Bei Gewürzhändlern, Wurzelholzschnitzern, Seifen- und Kerzenhändlern, Buchmachern, Schneidern oder Edelsteinhändlern findet man mit Sicherheit das ein oder andere einzigartige Weihnachtsgeschenk. Zahlreiche Aussteller geben in ihren authentischen Gewändern einen Einblick in die mittelalterliche Handwerkskunst. So kann man beispielsweise dem Seiler, Schmied, Besenbinder oder Bäcker beim Werken auf die Finger schauen. Wer seinem Glück ein wenig auf die Sprünge helfen möchte, dem gewährt eine Wahrsagerin, wie es sich für das Mittelalter gehört, einen vermeintlichen Einblick in die Zukunft. Ein handbetriebenes, hölzernes Karussell lässt nicht nur Kinderaugen leuchten, sondern vor allem die Eltern beim Kurbeln schwitzen.

Das Trommeln und der Gesang der Gaukler, die ihre Künste auf der hölzernen Bühne am Rande des Markts zum Besten geben, untermalen die vollkommen stimmige mittelalterliche Atmosphäre. Jongleure und Meister der Zauberkunst begeistern die Zuschauer. Der gesamte Markt ist ein wahres Fest der Sinne.

TIPP

Alle Weihnachtsmärkte im Siebengebirge mit ihrem klassischen Charme sind zu empfehlen.

- Mittelalterlicher Weihnachtsmarkt, Marktplatz, 53721 Siegburg
- ÖPNV: Bahnhof Siegburg, ca. 600 Meter Fußweg

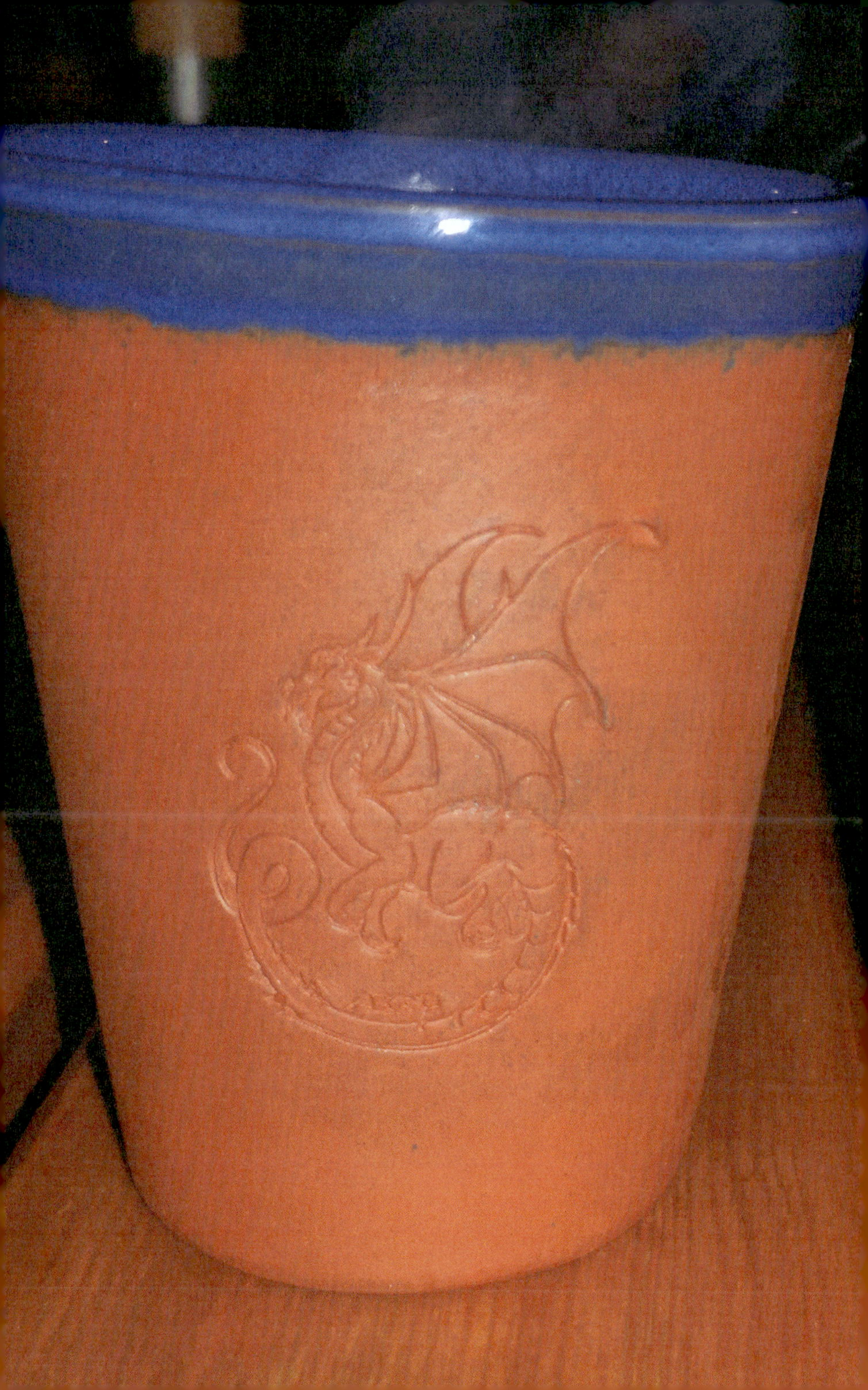

Der Beschützer

55 Der Nonnenstromberg in Königswinter

Idyllisch schön gibt sich der Nonnenstromberg. Sogar ein wenig größer als der bekanntere Nachbar Petersberg ragt er empor. Die Wege hinauf führen oftmals über Stock und Stein. Durchwachsen von Naturwald ist der lang gezogene Gipfelrücken ein wunderschönes Wanderziel. Durch die vielen Bäume und Pflanzen hat dieser Berg etwas Uriges und Beruhigendes an sich. Der Aufstieg ist nicht spektakulär, er besitzt auch weder Ruine noch Schloss, doch ihn auf sich zu nehmen, lohnt jedes Mal, die Natur verzaubert immer wieder.

Markiert wird der Gipfel durch einen großen Steinhaufen, der zeigt, dass man oben angekommen ist. Von diesem Aussichtspunkt hat man einen sehr schönen Blick zum Großen Ölberg. Eine Bank etwas unterhalb kann für eine Verschnaufpause genutzt werden. Der Nonnenstromberg ist streng geschützt: Die Natur soll hier die Möglichkeit haben, sich zu entfalten und sich zu entwickeln. Der geschützte Wald gibt gefährdeten Arten wie Waldfledermäusen, Spechten und totholzbewohnenden Insekten einen Lebensraum.

Der Name des Nonnenstrombergs rührt wohl daher, dass er an den Petersberg grenzt. Dieser wurde früher auch Stromberg genannt. Das „Nonnen“ kommt vermutlich vom Wörtchen „onnen“, was so viel wie unterer oder kleinerer bedeutet. Somit ist er quasi der untere Stromberg. Eine Sage erklärt den Namen ein wenig anders. Sie besagt, dass zur Zeit der Kreuzzüge zwei fromme Schwestern aus Furcht vor Feinden auf den Berg flüchteten und sich dort versteckt hielten, während der Verlobte der einen Frau in den Kreuzzügen kämpfte. Nach langer Gefangenschaft kehrte er zurück, suchte verzweifelt nach seiner Liebsten und fand sie in ihrem Versteck auf dem Nonnenstromberg. Endlich konnten die beiden heiraten, während die andere als stille Nonne in Einsamkeit auf dem Berg weiterlebte.

Und so beschützte der Berg die beiden Damen vor ihren Angreifern. Wenn das kein Grund ist, dem Nonnenstromberg im Gegenzug heutzutage den nötigen Schutz zu gewähren, damit wir noch lange in seinen Wäldern spazieren können.

- Nonnenstromberg, 53639 Königswinter
- ÖPNV: Haltestelle Verschönerungsweg, ca. 1,5 Kilometer Fußweg

Der Zauber des Tals

56

Naturverbunden durchs Annatal

Das Schönste an einer bergigen Region sind nicht immer die Gipfel. Zwar stechen sie sofort hervor und werden immer als Erstes genannt, aber ein wildromantisches Tal wie das Annatal in seiner Vollkommenheit zu überbieten, wird selbst für die großen Berge schwer. Der Zauber der Natur hält einen hier förmlich gefangen. Einmal betört, fällt es schwer, wieder in die hektische Betriebsamkeit zurückzukehren.

Das Annatal wurde Mitte des 19. Jahrhunderts von Fabrikant Hubert Schaaffhausen erschlossen und nach seiner Frau Anna benannt. Sehr romantisch, das Tal nach dem Menschen, den man liebt, zu benennen. Parallel zum Annatal liegt das Tretschbachtal und wenn man möchte, kann man das eine Tal mit dem anderen verbinden und auch hoch zur Löwenburg wandern. Eine Besonderheit hier im Tal ist die Kaisereiche, sie wurde von Kronprinz Wilhelm, dem späteren letzten deutschen Kaiser, gepflanzt. Ein Gedenkstein in der Nähe erinnert zusammen mit dem Pflanzdatum an das Ehepaar Schaaffhausen, das den Kaiser zu seiner Studienzeit gastfreundlich aufgenommen hatte. Im Annatal wurden zur damaligen Zeit in Gruben Erze abgebaut, sie lagen 200 Meter südöstlich im Tal. Nicht nur die Berge hatten dem Menschen Schätze zu bieten, auch in den Tälern waren sie zahlreich zu finden.

TIPP

Statt zur Löwenburg mal zum unbekannteren Breiberg abbiegen.

Das Tal ist über das kleine Örtchen Rommersdorf zu erreichen und der Weg lenkt einen, dem Möschbach folgend, in den Wald hinein. Zwei Schutzhütten, die Anna-Hütte und die Rommersdorfer Hütte mit einem kleinen Teich davor, stehen am Beginn des Rundwegs. Sie bieten eine Gelegenheit, vor oder nach einer Wanderung eine Pause einzulegen. Die angelegten Teiche sind Lebensraum für heimische Amphibien und Insekten wie zum Beispiel Frösche, Lurche, Libellen und Schmetterlinge. Ein kleines Holzbrückchen führt ins Annatal, man kann es als Übergang zu einer bezaubernden Wanderung bezeichnen. Nun gilt es, die Aufmerksamkeit allein auf sich und die wundervoll erhaltene Natur zu richten.

- Annatal, 53604 Bad Honnef
- ÖPNV: Haltestelle Physikzentrum, ca. 1,5 Kilometer Fußweg

Von der Traube zum Wein

57 Das Weingut Blöser in Oberdollendorf

Einen in Flaschen gefüllten guten Tropfen Glück findet man im Weingut Blöser im beschaulichen Königswinter-Oberdollendorf. Hier, wo die sonnengeküssten Trauben der malerischen Weinberge am Rande des Siebengebirges verarbeitet, verköstigt und verkauft werden, führt Winzermeister Bernd Blöser den Betrieb in mittlerweile dritter Generation. Ihm ist es dabei gelungen, Tradition und Moderne zu einem Juwel zu verschmelzen, das Liebhabern des Weins ein erinnerungswürdiges Erlebnis verschafft. In dem Familienunternehmen teilen sowohl die Familienmitglieder und Mitarbeiter als auch alle anderen tatkräftigen Helfer die Liebe zum Wein und sorgen somit für feinsten Genuss.

Im geschmackvoll gestalteten Laden werden die Weine angeboten und verkauft. Über eine Treppe geht es in den hinteren Bereich, wo die Weinverköstigungen in einem gemütlichen und urigen Raum stattfinden. Hier bleibt die Zeit stehen und ein Gefühl von Zusammengehörigkeit kommt auf. Früher wie heute weiß man guten Wein zu schätzen. Weinproben für Gruppen und auch die „Weinprobe für Jedermann“ werden, außer in der Zeit der Weinlese, das ganze Jahr über angeboten. Verbunden mit einer Betriebsbesichtigung und Weinkellerführung werden sie zu einer großartigen Erinnerung. Jeder Wein ist etwas Besonderes, und das schmeckt man.

TIPP

Weine und Weinproben können online gekauft oder gebucht werden.

Ein originelles Schmankerl sind die „E jood Jeföökl“-Weine. Sie sind in der Coronazeit entstanden, um den Mitmenschen trotz der schweren Tage weiterhin ein gutes Gefühl zu geben. Mittlerweile gibt es für jede der vier Jahreszeiten einen köstlichen Wein. Weitere Veranstaltungen wie Frühlingsfeste, Hof- und Weinfeste sind fester Bestandteil auf dem Weingut. Hier kommen die Menschen aus der Region gerne zusammen. Bei Musik und gutem Essen kann man den rheinischen Frohsinn erleben und natürlich erlesenen Wein probieren.

Am Ende bleiben nach einem Besuch im Weingut Blöser einzigartige und genießerische Momente und natürlich *e jood Jeföö!!*

- Weingut Blöser, Bachstraße 112, 53639 Königswinter-Oberdollendorf, Tel. (0 22 23) 33 22, www.weingutbloeser.de
- ÖPNV: Haltestelle Oberdollendorf Mitte

FRÜHLING
E JOOD

Stufen zum Glück

58

Der Duft der Blumen in Adenauers Rosengarten

„Warum ich Rosen besonders liebe? Nun, die Rose ist die dankbarste und schönste Blume, die ich kenne.“ Dieses Zitat des Rosenliebhabers und ersten Bundeskanzlers Konrad Adenauer beschreibt wunderschön die Leidenschaft, die einer der bekanntesten Politiker der deutschen Geschichte für diese Blumen und das Gärtnern hegte.

Im idyllischen Rhöndorf schuf Adenauer an seinem einstigen Wohnsitz ein kleines Gartenparadies, das zum Verweilen, Staunen und Genießen einlädt. Auf dem sogenannten Faulen Berg, einem ehemaligen Weinberg, wurde 1937 ein Baugrundstück angeboten. Seine Ideen hielt er zunächst mit Schulheft und Bleistift auf Papier fest. Dann entstand dort mit Fleiß und dem Blick eines Künstlers der bekannte Rosengarten. Sein Wissen eignete sich der Hobbygärtner, dessen Markenzeichen der Strohhut war, durch Recherche in Büchern und regen Briefaustausch an. Seinen besonderen Charme erhielt der Garten dadurch, dass er mit Liebe und dem entsprechenden Blick fürs Detail angelegt und gepflegt wurde. Adenauer besaß die nötige Geduld, die man als Gärtner braucht, um später mit üppiger Ernte und Schönheit belohnt zu werden. Wichtig war ihm, dass zu jeder Jahreszeit etwas blühte. Die zauberhaften Rosen zogen erst zu einem späteren Zeitpunkt in den Garten ein. Vorher waren es Obstbäume, Gemüse und sogar ein Schaf namens Nelke, das die Familie miternährte. Die Ideen für die finale Gestaltung des Rosengartens und den Bau eines Pavillons und einer Boccia-Bahn holte Adenauer sich während seiner Urlaube in Norditalien.

Durch die Unterstützung der Stiftung Bundeskanzler-Adenauer-Haus erstrahlt der Garten auch nach seinem Tod weiter jedes Jahr in voller Blüte und kann heutzutage bei freiem Eintritt bestaunt werden. Im Ausstellungsbereich wandelt man durch Adenauers faszinierende Lebensgeschichte, um nach 58 Treppenstufen zu seinem Haus und in seinen Garten zu gelangen. Das Wohnhaus befindet sich noch im damaligen Zustand und kann im Rahmen einer anekdotenreichen Führung besichtigt werden.

TIPP

Über die Website der Stiftung Bundeskanzler-Adenauer-Haus werden regelmäßig Events angeboten.

- Stiftung Bundeskanzler-Adenauer-Haus, Konrad-Adenauer-Straße 8 c, 53604 Bad Honnef-Rhöndorf, Tel. (0 22 24) 92 12 34 www.adenauerhaus.de
- ÖPNV: Bahnhof Rhöndorf, ca. 600 Meter Fußweg

Gut angekommen

59 Von den Schlümpfen lernen auf dem Geisberg

„Ist es noch weit, Papa Schlumpf?" „Nicht mehr sehr weit!" (…) „Ist es denn noch weit, Papa Schlumpf?" „JA, NOCH SEHR WEIT!" Wer kennt sie nicht, die kleinen blauen Schlümpfe? In einer Folge wird Papa Schlumpf immer wieder gefragt, wie weit es denn noch sei. Irgendwann ist er vollends genervt. So in etwa ergeht es Ausflüglern, wenn ihnen auf der ersten Etappe des Rheinsteigs mitten im Aufstieg zum eher unscheinbaren Geisberg langsam, aber sicher die Puste ausgeht.

Der Geisberg ist mit seinen 324 Metern Höhe eine Erhebung im Siebengebirge und fällt unter den großen Hügeln in der Landschaft kaum auf. Von der auf dem Gipfel stehenden Walter-Guilleaume-Hütte hat man eine Wahnsinnsaussicht und kann eine Weite erfahren, die ihresgleichen sucht. Die Hütte bietet auch an Schlechtwettertagen genügend Schutz und ist ideal für eine längere Erfrischungs- und Verschnaufpause. Jetzt erst mal Füße hoch und eine leckere Brotzeit ausgepackt. Kraftsammeln ist angesagt. Von hier oben kann man gut erkennen, dass es wirklich nicht mehr weit ist. Das Ziel Königswinter ist schon grob anhand des markanten Drachenfels auszumachen. Das Rheintal liegt malerisch vor einem. Ab jetzt geht es mit Ausnahme eines kurzen Aufstiegs zum Schallenberg fast nur noch bergab. Hier oben geht jedem das Wanderherz auf, alle Strapazen sind vergessen, der zurückgelegte Weg kommt einem nur noch halb so lang vor. Die Motivation kehrt zurück und das Gefühl, schon eine große Herausforderung gemeistert zu haben, gibt zusätzliche Energie. Papa Schlumpf wäre stolz!

Der gegenüberliegende Schallenberg ist mit seinen 310 Metern etwas kleiner als der Geisberg. Ein Stück dahinter liegt die Dr.-Eduard-von-Gartzen-Hütte, ein von sechs steinernen Säulen gestützter Aussichtstempel. Hier findet man einen romantischen Sehnsuchtsort, den man vor oder nach einer Einkehr im Milchhäuschen besuchen kann, auch wenn nicht genug Zeit für eine komplette Wandertour ist.

TIPP
Im Eiscafé Bruno in Königswinter lassen sich die Strapazen einfach wegschlecken.

● Geisberg, 53604 Bad Honnef
● ÖPNV: Haltestelle Königswinter Rosenauer Weg, ca. 2 Kilometer Fußweg

Das Tor zum Siebengebirge

60 Auf Entdeckungsreise von der Ittenbacher Skulptur

Vorfreude ist die schönste Freude, heißt es ja bekanntermaßen. Kommt dann noch die Neugier hinzu, tun sich in der Kombination positiver Emotionen oft neue Perspektiven auf. Das Gleiche passiert auch, wenn man durch eine Tür oder ein großes Tor geht. Was wird zu sehen sein, wenn man hindurch ist? Was ist auf der anderen Seite? Welches Glück erwartet einen?

Nicht jedes Tor ist auf Anhieb zu erkennen und manchmal ist man schon hindurch, ohne es zu bemerken. Das Tor zum Siebengebirge ist ein solches. Autofahrer auf der Autobahn A 3 kennen es als Abfahrt 33. Bevor man dieses blau leuchtende Schild sieht, hat man den Ölberg schon längst von Weitem im Blick gehabt. Die Abfahrt führt durch einen Kreisel in das schöne Örtchen Ittenbach und somit direkt in das zauberhafte Siebengebirge hinein. Von hier erschließen sich alle Wege, um das Glück zu finden.

Für alle anderen befindet sich das Tor zum Siebengebirge künstlerisch auf dem schon genannten Kreisel verewigt. Es steht auf dem Grün des Kreisverkehrs und wurde als siebenelementige, hufeisenförmig gebogene Metallskulptur errichtet. Das Kunstwerk kann somit als das Siebengebirge selbst oder als das Tor dazu interpretiert werden. Ausgestreckt wie ein kleiner Oktopus führen die Wege von Ittenbach in alle Richtungen. Die Ortschaften Thomasberg, Oberpleis und Aegidienberg liegen je einen Katzensprung entfernt. Im Streckenverlauf der Landesstraße nach Königswinter können viele Glücksorte gefunden werden. Kleiner und Großer Ölberg, das Forsthaus Lohrberg, die Löwenburg, die Seufzerbrücke, das Milchhäuschen, die Hirschburg oder das Nachtigallental sind nur einige Beispiele.

Das Siebengebirge verbirgt mit seinen zahlreichen Facetten und Gesichtern viele verzauberte, lustige, atemberaubende, versteckte, magische und idyllische Orte, die entdeckt werden wollen. Nur Mut beim Durchschreiten des Tors und viel Glück bei der Suche!

● Tor zum Siebengebirge, am Kreisel Königswinterer Straße, 53639 Königswinter-Ittenbach
● ÖPNV: Haltestelle Gräfenhohn

Picknick im Grünen

61 Die Burgruine Rosenau bei Königswinter

Picknickdecke, leckeres Essen und Getränke, nette Gesellschaft und frei von jedem Zeitdruck. Das sind die wichtigsten Faktoren, die ein gutes Picknick ausmachen. Mit der richtigen Location kann daraus ein unvergessliches Erlebnis werden.

Zwischen dem Nonnenstromberg und dem Großen Ölberg gelegen, bietet die Burgruine Rosenau genau diesen perfekten Mix. Sie ist mit einer kleinen Wanderung zu erreichen, sodass man sich die mitgenommenen Leckereien so richtig schmecken lassen kann. Vom Parkplatz Stenzelberg geht es den Mantelweg hoch, am Einkehrhaus vorbei und weiter, bis man eine Anhöhe erreicht. Am Fuße der Ruine stehen eine Schutzhütte und zwei Bänke. Natürlich kann man auch hier schon Rast machen, aber gerade bei schönem Wetter sollte man dies auf die Burgruine selbst verlegen. Eine steinerne Treppe führt dorthin, wo einst die Burg gestanden hat. Mittlerweile hat sich die Natur hier mit einem schönen saftigen Grün ausgebreitet und versucht, auch die verbliebenen Mauerreste für sich einzunehmen. In dieser großzügigen Umrahmung spendet eine imposante Kastanie ihren Schatten, eine Bank lädt zum Pausieren ein. Zum Picknicken reicht die mitgebrachte Decke, auf der man seine Brotzeit auspacken, sich strecken und durchatmen, also einfach entspannen und genießen kann.

So speist man an einem Ort, an dem früher die Burgherren und Burgdamen Hof hielten. Einstmals gehörte diese kleine Burg dem vom niederen Adel stammenden Dietrich von Dorndorf, der im 13. Jahrhundert das erste Mal erwähnt wurde. Er nannte sich nach seiner Burg um und wurde fortan als Dietrich von Rosenau geführt. Nach seinem Tod verkaufte seine Witwe die Burg an das Kloster Heisterbach mit der Erlaubnis, dass der neue Eigentümer die Burg zerstören durfte. Somit dienten die Steine vermutlich als Baumaterial für die dortigen Klostergebäude.

Je nachdem zu welcher Jahreszeit man hier ist, geht der Blick weit in die Ferne und man kann sich an der herrlichen Natur nicht sattsehen.

- Burgruine Rosenau, 53639 Königswinter
- ÖPNV: Haltestelle Verschönerungsweg, ca. 1,5 Kilometer Fußweg

Rückzugsort

62 Grün schimmernder Dornheckensee bei Ramersdorf

Wie ein grüner Smaragd mit leichtem Blaustich liegt er da, inmitten eines Dachs aus Blättern. Das leicht gekräuselte Wasser reflektiert die Sonnenstrahlen. Über ihm sticht in leichten Dunst gehüllt der Bonner Post Tower hervor. Ruhig liegt der See da und schimmert vor sich hin. Die Aussicht von der Plattform am Dornheckensee ist einfach grandios und eignet sich hervorragend, um dem Weltentrubel mit einem guten Buch in der Hand oder Musik auf den Ohren zu entkommen und sich eine Auszeit zu nehmen. Auf einer Bank sitzend, mit Blick in die Ferne und auf den See, der tief unter einem liegt, gelingt es leicht, raus aus allem zu sein, sich auf sich selbst zu besinnen und einfach mal wieder der Fantasie freien Lauf zu lassen. Die Großstadt liegt nicht weit weg und doch ist sie in diesem Moment mit ihrer Hektik und Unruhe meilenweit entfernt.

TIPP

Leckere Flammkuchen gibt es unterhalb des Sees in Oberkassel im La Flamme Bonn.

Der Dornheckensee liegt am Fuße des Ennert und ist der größte von verschiedenen Seen im Siebengebirge. Wie so viele andere Seen auch entstand er nach der Stilllegung des dortigen Steinbruchs. Der in der Nähe liegende Blaue See und der mittlerweile versandete Märchensee sind weitere Überbleibsel dieser Zeit. Als kein Basalt mehr abgebaut wurde, sammelte sich das Wasser. Der See und damit ein wundervoller Lebensraum für Tiere und Pflanzen entstand. Und so wandern hier nicht nur Menschen auf der Suche nach Erholung, sondern regelmäßig auch die Kröten zu ihrem Laichplatz. Andere Amphibien fühlen sich ebenso wohl und sogar Süßwasserquallen sollen ihren Weg in das Gewässer gefunden haben.

Das Schwimmen im See ist nicht erlaubt, zu groß ist das Risiko abbröckelnder Gesteine von den imposanten Steilwänden und die Strömung im See ist alles andere als ungefährlich. Aber auch so bietet er bei Rundwanderungen genug Erholung und herrliche Anblicke. So kann man beispielsweise oberhalb des Sees auf dem Rheinhöhenweg bis in die Oberdollendorfer Weinberge wandern und dabei einen weiten Panoramablick nach dem anderen genießen.

- Dornheckensee, 53227 Bonn
- ÖPNV: Haltestelle Oberkasseler Straße

Dran vorbei statt rauf

63 Auf der Bank am Fuß des Hirschbergs

Das Ziel, hoch hinauszukommen, liegt jedem Wanderer im Blut. Je höher, desto besser. Im Siebengebirge gibt es jedoch zahlreiche Berge, die ein Erklimmen des Gipfels aus Naturschutzgründen nicht zulassen. Der Hirschberg ist einer von ihnen, bietet aber dennoch interessante Entdeckungsmöglichkeiten. Eine davon kann man gleich zu Beginn leicht verpassen. Hier gilt es, nicht zu stürmisch zu starten, sondern schon nach wenigen Metern stehen zu bleiben, sich umzudrehen und auf der Bank am Wegesrand Platz zu nehmen. Belohnt wird man bei dieser Achtsamkeitsübung mit einem Blick nach Bonn und auf den Petersberg, der wie gemalt wirkt.

Der Hirschberg gehört mit seinen 257 Metern nicht zu den sieben großen Bergen und liegt am westlichen Rand. Als erster Anlaufpunkt für längere Touren oder kleiner Rundweg ist er ideal. Das Auto kann man bequem am Parkplatz Drachenfels an der Ferdinand-Mülhens-Straße stehen lassen. Das schöne i-Tüpfelchen des Bergs ist die Hirschburg. Es handelt sich um eine historische Landburg, die als Baudenkmal unter Denkmalschutz steht. Derzeit dient sie als Tagungsstätte und kann leider nicht öffentlich besichtigt werden, doch als wunderschönes Fotomotiv lässt sie auch von außen Fotografenherzen höherschlagen. Schon von weit unten sieht man die Spitze aus den Bäumen hervorragen. Ihr neugotischer Stil erinnert sofort an Schloss Drachenburg am Drachenfels. Dies ist nicht weiter verwunderlich, denn der Bauherr Jacob Anton Biesenbach hatte bereits für seinen Schwager Baron von Sarter die Drachenburg errichtet.

Nachdem man die Hirschburg hinter sich gelassen hat, kommt man zu einer kleinen Anhöhe. Hier liegt ruhig und vom touristischen Trubel entfernt die Hirschberghütte. Von diesem geschützten Rastplatz aus hat man einen perfekten Blick auf Schloss Drachenburg. Weitere Wanderrouten führen hoch zur Drachenburg und zum Drachenfels, wieder hinunter zum Nachtigallental oder, der Drachenfelsstraße folgend, weiter hinein ins Siebengebirge.

- Hirschberg, 53639 Königswinter
- ÖPNV: Haltestelle Wintermühlenhof, ca. 1,7 Kilometer Fußweg

Schlösser am Zaun

64 Ewige Liebe auf der Erpeler Ley

Mit geschnürten Wanderschuhen, Sonne auf der Haut und einer leckeren Brotzeit im Rucksack geht es zu einem Ort, der Vulkangeschichte schreibt. Er gehört zu den bekanntesten Vulkanruinen im Mittelrheintal. Ein großes hölzernes Kreuz ist schon vom Fuße des Bergs zu erkennen und sehr markant, sodass es die Erpeler Ley von Weitem sichtbar markiert. Die Erpeler Ley ist ein Basaltfels, der durch die Erstarrung der Lavaströme entstanden ist, zu erkennen an der säuligen Struktur. Schon seit der Zeit der Römer war das Gestein sehr beliebt und wurde als Steinbruch bis ins 19. Jahrhundert verwendet. Ihre einzigartige Pflanzen- und Tierwelt sorgte schließlich dafür, dass die Erpeler Ley unter Naturschutz gestellt wurde.

Das Hochplateau ist von den umliegenden Ortschaften Unkel, Bruchhausen und Erpel gut zu Fuß zu erreichen. Der Rotbäckchen-Rundwanderweg sowie der Rheinsteig führen über die Erpeler Ley. Mit dem Auto über die geteerte Straße kommt man auch ans Ziel, Parkplätze stehen oben genügend zur Verfügung. Ist der Berg bezwungen und befindet man sich auf dem weitläufigen Plateau, ist ein Spaziergang eine gute Idee, um den Ort einmal genauer in Augenschein zu nehmen. Das große Kreuz ragt majestätisch in die Höhe und von hier hat man einen herrlichen Blick ins Rheintal. Am Fuße des Kreuzes haben sich mit den Jahren viele Verliebte mit Schlössern an einem Zaun verewigt. Sie glitzern in verschiedenen Farben in der Sonne und verleihen diesem Ort eine besondere Romantik.

Ein weiteres Denkmal ist beim Erkunden zu entdecken. Der Zeppelinstein erinnert an den ersten Zeppelin, der bei seiner Überführungsfahrt wegen schlechten Wetters über der Erpeler Ley umdrehen musste. Bevor es weitergeht, findet man in guten Abständen Bänke, die eine Pause vergönnen. Der Blick ist einfach herrlich und jede Strapaze wert. Mehrere Rundwege führen um das Plateau herum. Wer verweilen und genießen möchte, ist auch dazu eingeladen.

- Erpeler Ley, 53579 Erpel
- ÖPNV: Bahnhof Erpel oder Haltestelle Rheinfähre, je ca. 1 Kilometer Fußweg

True love
is eternal.

Der Weg ist das Ziel

65 Entlang der Drachenfelsstraße in Königswinter

Wer achtsam unterwegs ist, nimmt den gegenwärtigen Moment bewusst wahr und versucht, ihn wertfrei aufzunehmen. Bei einer Reise bedeutet dies manchmal, sich nicht auf das Ziel zu fokussieren, sondern den Weg dorthin schätzen zu lernen, auch wenn man am Ende womöglich ganz woanders landet. Ein wundervolles Beispiel für solch einen Weg ist die Drachenfelsstraße.

Sie nimmt ihren Anfang direkt am Rhein in der schönen Stadt Königswinter und verläuft durch den Ort bis zur Station der Drachenfelsbahn. Diese hat erst kürzlich ihren 140. Geburtstag gefeiert und kutschiert täglich Ausflügler zur Drachenburg und weiter auf das Plateau des Drachenfels und zurück. Als älteste Zahnradbahn Deutschlands ist eine Fahrt mit ihr ein Erlebnis der besonderen Art. Eine ihrer Dampflokomotiven steht als Museumsstück an der Talstation.

Wer ab hier lieber zu Fuß den Weg nach oben antritt, für den wird die besagte Drachenfelsstraße in guter Erinnerung bleiben. Ein großes Blechschild mit einem Drachen und der Silhouette des Drachenfels markiert den Beginn des Wegs. Von hier geht es ohne Auto nur zu Fuß weiter. Schon nach einigen Metern wird der erste von noch ganz vielen Ausblicken auf den Rhein gewährt. Konditionsmäßig verlangt die Strecke einem durchaus etwas ab, punktet dann aber mit ausreichend Einkehr- und Verschnaufmöglichkeiten. Dabei passiert man bis zum Plateau viele erstaunliche Glücksorte. Man kommt an Angelas Drachenkräutergärtchen, am Winzerhäuschen, am Biergarten Am Drachenbrunnen, an Schloss Drachenburg und anderen Glanzstücken vorbei.

Wer nun glaubt, oben auf dem Plateau sei das Ende der Drachenfelsstraße erreicht, irrt gewaltig. Bevor der Weg aber fortgesetzt wird, ist ein Abstecher auf die Ruine Drachenfels und ein ausgiebiger Aufenthalt auf dem Plateau des Bergs Pflicht. Ob man von hier den Rückweg antritt oder die komplette Drachenfelsstraße bis zu deren Ende am Forsthaus Lohrberg in der Nähe der Löwenburg weiterwandert, ist völlig egal. Der Weg ist ja das Ziel.

- Drachenfelsstraße, 53639 Königswinter
- ÖPNV: Bahnhof Königswinter

№2

Knusprig und lecker

66

Der traditionsreiche Fritten Willi in Oberpleis

Dass Currywurst und Pommes glücklich machen, muss man niemandem erklären. In Deutschland wissen viele diese Kombination zu lieben und zu schätzen. Wichtig ist allerdings auch: Die Qualität muss stimmen. Nicht jeder hat den richtigen Dreh bei der Zubereitung raus: knusprige Pommes, knackige Wurst und aromatische Currysoße. Wird diese dann noch mit einer großen Prise Leidenschaft zubereitet, steht dem perfekten Wurstgenuss nichts mehr im Wege.

Genau diese tadellose Mischung erreichen Gabi und Lothar Becker seit Jahrzehnten. Ihr Fritten Willi gehört zu den besten Imbissbetrieben im Rhein-Sieg-Kreis, hat eine große Fangemeinde und ist eine feste Institution im Siebengebirge. Er ist aus der Region kaum wegzudenken und jeder, der dort schon mal eine Portion gegessen hat, wird zustimmen. Den Imbiss gibt es seit fast 50 Jahren, er wurde von Namensgründer Willi Lütz gegründet und vor 15 Jahren vom Ehepaar Becker übernommen. Der Standort im netten Städtchen Oberpleis ist seit jeher gleich geblieben und verströmt genau die einzigartige Atmosphäre, die man von einer Kultfrittenbude erwartet.

Die Schnitzel und das Schaschlik werden täglich frisch geschnitten und zubereitet, die Frikadellen sind selbst gemacht und auch beim Gyros wird auf hohe Qualität geachtet. Die vom Gründer Willi Lütz kreierte Zusammensetzung wurde bis heute beibehalten und sorgt für den unverkennbaren, köstlichen Geschmack der Wurst und gilt als Aushängeschild. Das alles erledigen die Eheleute hinter der Theke für ihre Kunden mit einer Herzlichkeit, die das Ganze gleich doppelt so gut schmecken lässt. Zusätzlich bieten die beiden einen täglich wechselnden Mittagstisch sowie einen bodenständigen Partyservice an. Mit ihrem Imbisswagen, der bei verschiedenen Events zum Einsatz kommt, sind sie auch in der Region unterwegs.

Ob nun Pommes mit Currywurst, Schaschlik oder eine Frikadelle, beim Fritten Willi ist man genau richtig und das Glücksgefühl setzt schon beim ersten Bissen ein.

TIPP

Für Hochzeiten, Geburtstage oder andere Feste jeder Art kann der Imbisswagen auch gemietet werden.

- Der Fritten Willi, Siegburger Straße 76, 53639 Königswinter-Oberpleis, Tel. (0 22 44) 69 04, www.der-fritten-willi.de
- ÖPNV: Haltestelle Feuerwehr

Nicht weit vom Stamm

67 Äpfel naschen im Obsthof Siebengebirge

Es duftet. Nach frischen Äpfeln. Knackig und köstlich zieht das feine Aroma beim Betreten des Obsthofs Siebengebirge in die Nase. Die Augen erfreuen sich an dem sorgfältig sortierten Arrangement von roten, gelben, rot-gelben und grünen Äpfeln. Wer möchte da nicht sofort reinbeißen? Und welcher Apfel soll es denn sein? Bei diesen Fragen ist die große Probierstation hilfreich. Hier kann man die vielfältigen Apfel- und Birnensorten geschmacklich direkt vor Ort testen. Mehr als zehn verschiedene Sorten stehen zur Auswahl. Somit beginnt die Gaumenfreude schon beim Einkauf. Die Menge, die man dann mitnehmen möchte, wiegt man sich selbst ab oder packt eines der vorgefertigten Bündel ein.

Beim Stöbern durch den Verkaufsladen von Familie Reuter entdeckt man viel für die Sinne und den Magen. Frische Eier vom „Eiermann", daraus produzierter leckerer Eierlikör, Kartoffeln, Wild aus der Region sowie saisonale und regionale Gemüse und Kräuter können hier frisch und in guter Qualität ihren Weg in den Einkaufskorb und später in den Kochtopf finden. Köstliche Säfte, Marmeladen, Honig und noch viel Gutes und Gesundes mehr runden das Angebot ab.

TIPP

Frische Eier, Milch, Kartoffeln und Äpfel gibt es rund um die Uhr an einem 24-Stunden-Automaten.

In zweiter Generation führt die Familie nun schon den Obsthof und die dazugehörige Apfelplantage, die angrenzend zum Grundstück liegt. Ihr Engagement gilt ihren Mitarbeitern und ihrer Kundschaft zugleich. Das gute Miteinander und die Freude an der Arbeit spürt man ganz besonders. Mit professioneller Beratung, kompetentem Wissen und einer großen Portion Freundlichkeit wird den Kunden die Vielfalt des Angebots nähergebracht. Wem einmal die richtige Idee für ein Gericht fehlt, der kann sich hier inspirieren lassen.

Zur Zeit der Apfelernte werden Führungen durch die Apfelplantagen und Kühlhäuser angeboten. Interessierte bekommen so einen unmittelbaren Einblick hinter die Kulissen des Obsthofs. Sie erhalten zwar keine Antwort auf die Frage, wie weit der Apfel vom Stamm fällt, wissen dafür aber, wie er seinen Weg vom Baum auf den Esstisch findet.

● Obsthof Siebengebirge, Dollendorfer Straße 227, 53639 Königswinter, Tel. (0 22 44) 76 60, www.obsthof-siebengebirge.de
● ÖPNV: Haltestelle Bellinghausen

saftig & hat ein
süßliches Aroma.
Die kleinen Früchte
bleiben lange frisch
bitte abwiegen
OBSTHOF
SIEBENGEBIRGE
AUS DER
REGION

Frühstück mit Tradition

68

Das Kaffeehaus Nottebrock in Bad Honnef

Kaffeeduft liegt in der Luft, warme Brötchen liegen in einem Korb. Auf einer Etagere sind verschiedene Marmeladen, Wurst und Käsesorten angeordnet, das gekochte Ei wartet in seinem Becher. Mit einem solch ausgiebigen Frühstück startet es sich richtig gut in den Tag. Zusammen mit der gemütlichen Atmosphäre eines alten Wiener Kaffeehauses bleibt von jedem Besuch eine charmante Erinnerung.

Das Kaffeehaus Nottebrock ist ein Café mit Charme direkt im Herzen von Bad Honnef. Im Sommer lädt die große Terrasse draußen zum Verweilen ein, im Winter der behagliche Innenraum. Obwohl es an der Hauptstraße der Stadt liegt, stört der Autoverkehr beim Kaffeetrinken keineswegs. Ein noch ruhigeres und freundlicheres Plätzchen findet man drinnen. Die Kuchen- und Tortenauslage hält viele Köstlichkeiten bereit. Angefangen mit saisonalen Leckereien wie Apfel-, Pflaumen- oder Erdbeerkuchen bis hin zu Tortenspezialitäten wird hier ein jedes Genießerherz erfreut. Eine Frühstücksauswahl und die Karte mit Tagesgerichten runden das Angebot ab. Mit ausreichend Sitzgelegenheiten ist das Kaffeehaus Nottebrock der ideale Ort für Kaffeekränzchen und einen Schnack mit Freunden. Wer entspannt frühstücken oder einfach nur die Zeitung bei einer Tasse Milchkaffee lesen möchte, ist hier an der richtigen Adresse.

TIPP

Warum nicht einen Gutschein zum Frühstück verschenken?

Das Kaffeehaus gibt es nun seit fast 100 Jahren. Als Familienbetrieb geführt, hält es seit jeher an Qualität, Tradition und Service fest. Mit viel Sorgfalt und Herz sorgt es für ein Wohlgefühl und lässt es zu einem Ort werden, an dem man gerne weilt und sich den Kaffee schmecken lässt. Nach einer guten Stärkung und einem ausgedehnten Frühstück lohnt es sich, einen Spaziergang durch die beschauliche Innenstadt von Bad Honnef zu unternehmen und die kleinen Geschäfte in der Fußgängerzone zu erkunden. Ein Abstecher zur Kirche auf dem Marktplatz und ein kurzer Spaziergang zur Insel Grafenwerth sind weitere Möglichkeiten, die Stadt zu entdecken.

- Kaffeehaus Nottebrock, Hauptstraße 27 c, 53604 Bad Honnef, Tel. (0 22 24) 22 60
www.nottebrock.com
- ÖPNV: Haltestelle Städtisches Kurhaus

Feine Butter
MEGGLE

Hüter des Siebengebirges

69

Das Forsthaus Lohrberg in Ittenbach

Für jeden, der das Siebengebirge und seine Schönheit kennen- und lieben gelernt hat, ist beinahe automatisch klar, dass eine solche Region des besonderen Schutzes bedarf. Dieser nicht gerade kleinen Aufgabe hat sich der Verschönerungsverein für das Siebengebirge (VVS) angenommen und meistert sie seit mehr als 150 Jahren mit Bravour. Der Verein sieht sich als „Garant und Motor für den Schutz und die Pflege des Siebengebirges" und setzt sich mit seinen ehrenamtlichen Mitgliedern unermüdlich für Natur, Landschaft und die heimische Tier- und Pflanzenwelt in einem der ältesten Naturschutzgebiete Deutschlands ein. Die Wanderer erkennen auf ihren Touren die Arbeit des VVS unter anderem an den frei gehaltenen Wanderwegen und den ungefähr 200 Ruhebänken und 27 Schutzhütten, die durch die vereinten Kräfte der Mitglieder in Schuss gehalten werden. Somit steht der gepflegten Wandertour und dem Entdecken und Erholen nichts mehr im Wege.

Im Forsthaus Lohrberg auf der Margarethenhöhe bei Ittenbach hat der VVS seinen Vereinssitz. Die dortigen Ausstellungen „Fenster zum Siebengebirge" und „Wildnisgebiet Siebengebirge" können zu den Öffnungszeiten besichtigt werden und sind der ideale Anlaufpunkt, um sich über die Vereinsarbeit und den Naturschutz im Siebengebirge zu informieren. Durch einen Rundgang bekommt man einen Einblick in die Sehenswürdigkeiten der Region, Informationen über die geologische Beschaffenheit sowie die Tier- und Pflanzenwelt, die es zu entdecken und zu erhalten gilt.

Einmal im Jahr lädt der VVS zum Siebengebirgstag am Vereinshaus ein, einem Erlebnistag für Kinder und Erwachsene. Ein buntes Programm mit Spiel und Spaß animiert zum Genießen, Erleben und Gestalten. Mit Leckereien vom Grill, Getränken und selbst gemachtem Kuchen ist auch für kulinarisches Wohl gesorgt. Viele Vereine und Verbände aus der Umgebung nutzen die Möglichkeit, um ihre Arbeit für die Region vorzustellen und untereinander und mit allen Interessierten ins Gespräch zu kommen.

TIPP

Das Forsthaus Lohrberg ist der ideale Startpunkt für eine Wanderung zur Löwenburg.

- Forsthaus Lohrberg, Löwenburger Straße 2, 53639 Königswinter-Margarethenhöhe, Tel. (0 22 23) 90 94 94 www.vv-siebengebirge.de
- ÖPNV: Haltestelle Margarethenhöhe

VVS
Naturschutzgebiet

Wo man sich gerne trifft

70 Park Reitersdorf in Bad Honnef

Ein kleiner Wasserlauf plätschert fröhlich in einen groß angelegten Teich mit Springbrunnen. Enten tummeln sich darin oder watscheln über die gepflegte Grünanlage. Die strahlende Sonne bringt das saftige Grün der Bäume zum Leuchten. Bei gutem Wetter lädt der etwas versteckt liegende Park Reitersdorf Menschen aller Altersgruppen zu einem Besuch und zu einem Spaziergang ein. Ob mit der Familie, mit dem Hund oder auch allein, hier findet man Ruhe und Entspannung. Der ideale Ort, um Kraft zu sammeln und sich eine kleine Auszeit zu nehmen.

Direkt am Eingang des Parks spendet ein Pavillon wohltuenden Schatten und bietet ausreichend Sitzgelegenheiten. Mit Musik auf den Ohren oder einem Hörbuch kann man hier wunderbar abschalten und sich neben dem Wasserlauf entspannt hinsetzen. Eine Treppe bringt einen hinunter zu den Überbleibseln der Burg Reitersdorf. Die Ruine mit ihren Mauerresten zeugt noch von der Vergangenheit im 13. Jahrhundert. Ein kleiner Rundweg führt weiter durch den Park, vorbei an einem Bodenschachfeld. Wer Lust hat, kann hier eine Partie Schach oder Dame spielen, die Spielfiguren sind dafür bereitgestellt. Auch für ein wenig sportliche Aktivität ist gesorgt. Es stehen Geräte für Outdoorfitness zur Verfügung, sodass man den Stress des Alltags wunderbar abbauen kann. Ein Spielplatz lässt die Kleinsten die Zeit vergessen. Der Park Reitersdorf ist ein Stadtpark, der für jeden etwas bereithält und somit einen Treffpunkt für Jung und Alt darstellt. Selbst ein kleines Bienenvolk hat hier glücklich sein Zuhause gefunden und summt fröhlich herum.

Gekümmert wird sich um diesen kleinen, aber feinen Park vom Freundeskreis Park Reitersdorf. Die Mitglieder pflegen den Park und die Ruine und sorgen für ihren Erhalt. Sie organisieren Events und Aktionen, die im Laufe des Jahres im Park stattfinden. Seit 2013 gibt es das Dîner en blanc, eine Attraktion, bei der an gedeckten Tischen, ganz in Weiß gekleidet, gespeist und getrunken wird.

TIPP

Das in der Nähe gelegene Feuerschlößchen lädt regelmäßig zu Folkmusik ein.

- Park Reitersdorf, Hauptstraße 4, 53604 Bad Honnef
- ÖPNV: Haltestelle Physikzentrum

Der Berg ohne Gipfel

71 Drei-Seen-Blick am Lohrberg

„Fantastisch!", ruft das Herz, obwohl man weiß, so wirklich angekommen ist man noch nicht. Oder doch? Der Lohrberg gehört mit seinen 433 Metern als dritthöchster Berg zu den großen bekannten sieben. In der Aufzählung geht er schnell verloren, denn seine Bedeutsamkeit hat sich immer noch nicht überall herumgesprochen. Dabei hat er viel zu bieten und sogar eine Besonderheit, die sonst keiner aufweist. Es gibt keinen herausragenden Gipfel, den man besteigen kann, dafür aber sieben bewaldete Anhöhen. Genau das macht ihn so unauffällig und bei Wanderern eher unbekannt, aber eben doch besonders.

Bekannt ist allerdings der Aussichtspunkt Drei-Seen-Blick. Schon so mancher Urlauber stand hier oben, hat den Blick über das Rheintal schweifen lassen und Drachenfels, Wolkenburg und Petersberg erspäht. Hat in der Ferne die Eifel, Bonn, Bad Godesberg und sogar den Kölner Dom entdeckt. Nur die drei Seen waren nirgends zu finden. Zugegeben, der Name Drei-Seen-Blick ist ein wenig verwirrend, erklärt sich aber daher, dass man zwischen den Bergen drei Abschnitte des Rheins erblicken kann. Diese sehen dann aus wie drei einzelne Seen. Eine Informationstafel gibt Auskunft darüber, in welcher Richtung man welchen Berg oder Ort ausmachen kann. Das hilft bei der Orientierung. Eine Bank lädt zum Ausruhen und Verweilen ein und die gemütliche Schutzhütte bietet Platz für eine ausgiebige Rast.

TIPP

An der Lohrberg-Quelle entspringt der Mirbesbach, der bis in den Rhein fließt.

Um die Aussicht zu erreichen, startet man am besten vom Forsthaus Lohrberg nach Westen auf die Drachenfelsstraße, kommt an der Lohrberg-Quelle vorbei und biegt am Nasse-Denkmal links auf den Weg, der in Serpentinen auf den Lohrberg-Rundweg führt. Dann liegt sie direkt vor einem und man kann weiter zur Löwenburg wandern.

Beim Lohrberg verhält es sich ähnlich wie auf der Bühne und im Film: Er ist nicht der berühmte Held, der die Lorbeeren und den meisten Applaus erntet. Er ist eher der Sidekick, der die Vorzüge der restlichen Berge des Siebengebirges herausstellt und ins beste Licht rückt.

- Lohrberg, 53639 Königswinter
- ÖPNV: Haltestelle Margarethenhöhe, ca. 2 Kilometer Fußweg

Auf dem Holzweg

72

Das Tretschbachtal bei Bad Honnef

Alles ist grün, Vögel zwitschern fröhlich in den Bäumen und der kleine Bachlauf gluckst im Hintergrund. Die Natur, eine Künstlerin fürs Auge und für die Ohren, lässt die Wanderung im Tretschbachtal zu einem besonderen Erlebnis werden.

Den Wegweisern vom Beginn der Tour im kleinen Örtchen Rommersdorf folgend, führt ein Pfad hoch in den Wald hinein. An der Anna-Hütte gabelt sich der Weg auf. Rechter Hand startet der durchaus herausfordernde Pfad durch das urige Tretschbachtal, ein Seitental des linker Hand beginnenden Annatals. Entlang des Tretschbachs schlängelt er sich mehrmals über den Bachlauf, welcher von Totholz und Morast gesäumt ist. Dort, wo der Weg zu matschig wird, machen zahlreiche Holzbrücken, Holztreppen und Holzwege den Aufstieg erst passierbar. Diese Holzbauten prägen das Erscheinungsbild des Tretschbachtals. Umgestürzte Bäume sorgen ab und zu für kleine Kletterpartien.

TIPP

Nach der Tour im urigen Weinhaus Steinbach in der Rommersdorfer Spießgasse einkehren.

Mit der Natur im Einklang bleibt man immer mal wieder stehen, genießt die Ruhe des Tals, den Duft vom Wald und die Sonne auf dem Gesicht. Bänke auf dem Weg bieten die Gelegenheit, kleine Pausen einzulegen, sodass man die Atmosphäre auf sich wirken lassen kann. Zu entdecken gibt es verschiedenartige Pflanzen und Bäume, kleine Singvögel, die um einen herumfliegen und einen interessiert beäugen, sowie Pilze am Boden und an den Bäumen. Romantisch und wild erstreckt sich die naturbelassene Schlucht. Die Stille des Walds wird nur durch das leise Plätschern des Tretschbachs unterbrochen. Beim Erreichen der Anhöhe gabelt sich der Weg erneut und es besteht die Möglichkeit, weiter zur Löwenburg zu wandern oder den Rundweg zurück nach Rommersdorf durch das Annatal abzuschließen.

Empfehlenswert ist es, sich nach vollbrachter Wanderung den kleinen Ortsteil Rommersdorf genauer anzuschauen. Mit seinen sehenswerten Fachwerkhäusern und kleinen Gassen rundet er den Tag mit schönen Erinnerungen ab.

- Tretschbachtal, 53604 Bad Honnef
- ÖPNV: Haltestelle Physikzentrum, ca. 1,5 Kilometer Fußweg

Kräfte sammeln

73 Beeindruckende Felsformation am Stenzelberg

Schroffe Felsen ragen in den blauen Himmel, ein schmaler Pfad führt um sie herum. Das Zwitschern von Vögeln ist zu hören und das Knirschen des Kieses unter den Füßen. Die leuchtend rot strahlenden Früchte der wilden Hagebutte säumen den Wegesrand, Insekten fliegen von einer Blüte zur nächsten, ein blumiger Duft liegt in der Luft. Der Pfad zum Stenzelberg ist zum Teil schmal und bewaldet, die Kühle des Waldes begleitet einen bis nach oben. Einzelne Sonnenstrahlen versuchen, das dichte Blätterwerk zu durchdringen. Auf dem Plateau angekommen, bestaunt man den vom Licht erstrahlten Gipfel des Stenzelbergs, der hoch über einem thront.
Der Stenzelberg ist ein stillgelegter Steinbruch, in dem sich mit den Jahren eine einzigartige Naturlandschaft entwickelt hat. Seit dem 11. Jahrhundert wurde hier Quarz-Latit abgebaut und das Gestein für einige bekannte Gebäude in der Region genutzt. Im Jahr 1931 endete der Betrieb des Steinbruchs und führte zur Entwicklung der charakteristischen Landschaft mit ihrer Tier- und Pflanzenwelt. In jüngster Vergangenheit aufgestellte Zäune und Absperrungen helfen dabei, die empfindliche Natur zu schützen.
Der Stenzelberg liegt südwestlich vom Königswinterer Stadtteil Heisterbacherrott und in der Nähe des Klosters Heisterbach. Eine Wanderung zu dem 287 Meter hohen Berg zahlt sich schon wegen seines faszinierenden steinernen Gebildes aus, das durch die Jahre des Abbaus und durch den Einfluss der Natur entstanden ist. Er hat an Attraktivität im Laufe der Zeit gewonnen und ist ein beliebtes Wanderziel geworden. Interessante Touren, die vom Stenzelberg weiter ins Siebengebirge hineinführen, sind unter leichten, mittleren oder schwereren Bedingungen möglich.
Auch dieser Berg weckt wieder das Gefühl von Energie und Kraft, das aufkommt, wenn man durch die frische Natur wandert. Er hinterlässt wundervolle Bilder und Sehnsüchte. Zurück im Alltag, wirkt das Leben danach gleich viel bunter und fröhlicher.

TIPP

Auf der anderen Seite der angrenzenden Landesstraße ist der Weilberg ebenfalls einen Besuch wert.

- Stenzelberg, 53639 Königswinter
- ÖPNV: Haltestelle Verschönerungsweg, ca. 600 Meter Fußweg

Tierisch glücklich!

74

Der Tierschutzverein im Siebengebirge

Treue Hundeaugen und zufriedenes Katzenschnurren – an einem ganz besonderen Ort im Siebengebirge setzen sich liebevolle Menschen für notleidende Tiere ein. Diese Menschen sind Mitglieder und Unterstützer des Vereins Tierschutz Siebengebirge. Sie kümmern sich mit vereinten Kräften um bedürftige Tiere im und rund um das Siebengebirge. Liegt der Schwerpunkt zwar auf herrenlosen Hunden und Katzen, werden aber auch andere Tiere wie Ziervögel, Pferde, Meerschweinchen, Ziegen, Schafe, Kaninchen, Stadttauben und Schildkröten aus Notlagen gerettet, umsorgt und geschützt, bis der richtige Mensch für das Tier gefunden wurde. „Katzenstreichler" versorgen das Bedürfnis der Katzen nach Streicheleinheiten. Findet man in Not geratene Wildtiere, bietet der Verein eine telefonische Anlaufstelle. Die Anfragen werden dann an die entsprechenden Spezialisten in den Wildtierstationen weitergeleitet.

TIPP

Der Orscheider Tierschutzhof kann nur nach Terminvereinbarung besucht werden!

Bis zur Vermittlung leben die Tiere entweder am Orscheider Tierschutzhof oder in einer Pflegestelle überall im Siebengebirge und im Westerwald. Die Pflegestellen sind Menschen, die vor Aufnahme eines Tieres auf Herz und Nieren geprüft wurden, um eine artgerechte und liebevolle Haltung zu gewährleisten. Wer sich für die Aufnahme eines solchen Tieres interessiert, kann sich vorab auf der Website des Vereins informieren. Bei der täglich besetzten Telefonhotline kommen tierische Anfragen aller Art zusammen. Hier wird Anrufern geholfen und es werden Ansprechpersonen genannt. Der Verein mit mehr als 600 Mitgliedern finanziert sich über Mitgliedsbeiträge und Spenden und freut sich über jegliche Unterstützung. Interessierte können ihn auf verschiedenen Veranstaltungen im Siebengebirge kennenlernen. Auf der Website sind die aktuellen Termine zu erfahren.

Die Glücksmomente, in denen Mensch und Tier zueinander finden und füreinander da sind, sind das, was die ehrenamtlichen Tierschützer antreibt. Es ist auch das, was diesen Ort so einzigartig macht. Ein Ort der Liebe, Hoffnung und Geborgenheit.

- Orscheider Tierschutzhof, Orscheider Straße 7, 53604 Bad Honnef-Orscheid, Tel. (0 22 24) 9 80 32 16, www.tierschutz7gebirge.de
- ÖPNV: Haltestelle Orscheid

Dem Himmel so nah

75

Im Biergarten auf dem Petersberg

Wer nach dem Aufstieg hier oben steht und nach unten auf das Blaue Band des Rheins und auf das restliche Siebengebirge schaut, der hat sich das kühle Bier oder die eiskalte Apfelsaftschorle redlich verdient. Als fünfthöchster Berg eher klein, haben es doch alle möglichen Aufstiege in sich. Dafür wird man mit einer atemberaubenden Aussicht belohnt, die jede Entbehrung auf den interessanten und abenteuerlichen Wegen vergessen lässt. Mit seiner Ausdehnung hat er von den Bergen im Siebengebirge die größte besiedelbare Fläche.

Der wohl anspruchsvollste dieser Aufstiege ist der bekannte Petersberger Bittweg. Er ist der letzte erhaltene von fünf Prozessionswegen, die von den umliegenden Ortschaften nach oben zur Kapelle St. Peter führten. Heutzutage ist der Petersberg insbesondere durch die schon aus weiter Ferne erkennbare Silhouette des Steigenberger Grandhotels und als Schauplatz wichtiger politischer Entscheidungen der jüngeren Vergangenheit bekannt. So ist der Berg beispielsweise Namensgeber des bekannten Petersberger Abkommens und das Hotel als Gästehaus des Bunds hat schon so manche Regierungschefs, Staatsgäste, Königinnen und Könige verschiedenster Länder beherbergt. Dieses Ambiente verleitet dazu, sich beinahe selbst wie eine dieser großen Persönlichkeiten zu fühlen und die besondere Aura des Bergs zu spüren.

TIPP

Mit frühzeitiger Buchung kann auf dem Petersberg auch geheiratet und Hochzeit gefeiert werden.

Der schattig angelegte Biergarten, direkt angrenzend ans Hotel, lockt mit kühlen Getränken und einer guten und kräftigen Mahlzeit. Einfach zurücklehnen, die Aussicht genießen und es sich gut gehen lassen. Der Blick ins Rheintal und zum Nachbarberg Drachenfels ist umwerfend schön. Sitzplätze sind auf der großzügigen Terrasse sowohl in der Sonne als auch im Schatten unter Linden ausreichend vorhanden. Schnell kommt man mit anderen Wanderern ins Gespräch, teilt Erlebnisse und Geschichten aus dem Siebengebirge. Es gibt kaum jemanden, der nicht ins Schwärmen gerät. Für viele Besucher des Siebengebirges ist dieses Gefühl das Highlight ihres Aufenthalts.

- Biergarten Petersberg, 53639 Königswinter, Tel. (0 22 23) 7 47 80
- ÖPNV: Haltestelle Rosenauer Weg, ca. 2 Kilometer Fußweg

Alle Tassen im Schrank

76

Die Geschirrbörse Hoffmann in Vettelschoß

„Tischlein, deck dich!“ So einfach wie im Märchen ist es leider nicht, wenn man seine Festtagstafel schick eindecken möchte. Mit viel Liebe wird auch heutzutage noch zu besonderen Anlässen erst mal das schöne Geschirr aus dem Schrank geholt und dann der Tisch sorgsam eingedeckt. Ob für die Mahlzeiten mit der Familie, das Teetrinken in netter Runde oder große gesellschaftliche Ereignisse: Das „gute Geschirr“ kennen wir alle noch aus unserer Kindheit. Doch was ist, wenn unser Lieblingsservice nicht mehr vollständig ist? Wo bekommen wir die fehlende Tasse oder den Teller her, der uns für unser Gedeck fehlt?
Die Antwort findet man oberhalb von Linz, im kleinen, aber feinen Örtchen, in dem Elisabeth Hoffmann seit 1989 ihre Geschirrbörse betreibt. Inmitten von Vettelschoß liegt das Haus, das vom Dachboden bis in den Keller hinein mit Porzellanschätzen gefüllt ist. Als Dienstleisterin organisiert sie auch über Ländergrenzen hinweg Tassen, Untertassen, Teller, Besteck und alles an Porzellan, was zum perfekten Glück auf der gedeckten Tafel fehlt. Sie kennt sich mit jeder Art von Geschirr und dessen Herkunft aus. Ihre umfassende Datenbank deckt mehr als 50.000 verschiedene Geschirre aus der ganzen Welt ab und hilft, Anbieter und Suchende zusammenzubringen. Jede neue Anfrage ist eine Herausforderung, der sich Elisabeth Hoffmann mit großer Leidenschaft seit Jahren gerne stellt. Dabei ist nicht alles von heute auf morgen erhältlich. „Bitte haben Sie Geduld … zwischen morgen und nie ist alles möglich.“
Da man für größere Feiern und Anlässe nicht immer genügend passendes Geschirr zu Hause hat, bietet sie auch die Möglichkeit an, sich welches zu leihen. Und bei wem das gute Geschirr daheim im Schrank zu verstauben droht, der kann es gerne der Geschirrbörse anbieten. Vielleicht findet sich darunter das ersehnte Gegenstück und sorgt für die ein oder andere Freudenträne.

TIPP

Wer leckeres Gebäck zur Weihnachtszeit sucht, ist beim Werksverkauf Pertzborn am Ortseingang richtig.

- Geschirrbörse Hoffmann, Lerchenstraße 11–13, 53560 Vettelschoß, Tel. (0 26 45) 9 73 28 30, www.geschirrboerse.de
- ÖPNV: Haltestelle Grundschule am Blauen See

Der kleine Bruder

77 Ruhe verströmender Kleiner Ölberg

Es ist nie leicht, wenn man das kleinere Geschwisterkind ist, ob Bruder oder Schwester, man wird stets gerne mit dem Älteren oder der Größeren verglichen. Und so ist es nicht nur bei uns Menschen, selbst die Berge stehen oft im Schatten eines größeren. Im Siebengebirge gibt es daher einen Großen Ölberg und einen Kleinen Ölberg. Während der Erstere sehr gepriesen wird und zu den großen Sieben gehört, fristet der Kleine Ölberg eher ein Schattendasein. Das ist schade, denn auch wenn er klein und unscheinbar ist, hat er genauso seine Vorzüge wie der große Bruder.

Er ist mit seinen 332 Metern tatsächlich nicht besonders groß, aber im Vergleich zu anderen Bergen aus der Region auch nicht richtig klein. Der Aufstieg ist nicht zu anstrengend, was vielleicht einige anspricht, die nicht darauf aus sind, viele Höhenmeter zu schaffen. Das Schöne ist, dass seine relative Unbekanntheit dafür sorgt, dass man sich oftmals allein auf dem Gipfel wiederfindet. Er ist dadurch nicht überlaufen und bietet ideale Voraussetzungen für Stunden der Auszeit und der Selbstfürsorge. Allein und trotzdem glücklich zu sein, ist eine Herausforderung, der wir uns ruhig öfter stellen können. Denn bei einem Glücksort wie diesem kann das Für-sich-Sein so richtig guttun.

TIPP
Über die Antenne auf dem Großen Ölberg wird unter anderem der Radiosender Bonn/Rhein-Sieg ausgestrahlt.

Der Kleine Ölberg befindet sich als Nebenberg nördlich des Großen Ölbergs. Man kann ihn direkt aus dem Örtchen Thomasberg angehen oder von der Margarethenhöhe in Ittenbach. Eine dort befindliche Schutzhütte stellt bei jedem aufziehenden Wetter einen Unterschlupf bereit und ist gemütlich für eine mitgebrachte Brotzeit. Wer noch eine Extraportion Energie im Gepäck hat, kann über den Ölberg-Rundweg gleich das komplette Geschwisterpaar erkunden. Und um einer möglichen Verwirrung direkt zuvorzukommen: Beim auf dem Rundweg zu findenden „Wasserfall" handelt es sich tatsächlich um einen kleinen Berggipfel.

Freude und Glück findet man oft in den kleinen Dingen und der Kleine Ölberg steht seinem großen Bruder in nichts nach.

- Kleiner Ölberg, 53639 Königswinter
- ÖPNV: Haltestelle Zum kleinen Oelberg, ca. 1,5 Kilometer Fußweg

Erst mal tief durchatmen

78 Auf der Seufzerbrücke

Was lässt uns nicht alles aufseufzen, ob vor Freude, Glück, Anstrengung oder auch vor Erleichterung. Wir brauchen das Seufzen, um uns einmal Luft zu machen und kräftig durchzuatmen, aus welchen Gründen auch immer. Der Grund, warum auf der sogenannten Seufzerbrücke im Siebengebirge geseufzt wird, liegt auf der Hand: Es ist die pure Erleichterung. Ob Wanderer, Marathonläuferin oder Spaziergänger, fast jeder macht es hier. Man kann diese wortlose Äußerung wohl am besten mit „Geschafft!", „Juhu!" oder „Nicht mehr weit!" übersetzen. Und damit ist der Grund für die Seufzer hier im Siebengebirge doch ein viel schönerer als bei der bekannten Namensschwester der Brücke in Venedig.

Die Seufzerbrücke überspannt die Ferdinand-Mülhens-Straße, die von Königswinter nach Ittenbach führt, und verhindert die Kollision von ungeschützten Fußgängern oder Radlern mit kreuzenden Blechbüchsen. Sie verbindet zahlreiche spannende Glücksorte miteinander und ist einer der zentralen Punkte im Siebengebirge. Gleich im Anschluss an die Brücke befindet sich eine Schutzhütte, die ideal für eine ausgiebige Pause und die mitgebrachte Stärkung ist. Als kleines Highlight ist sie Teil etlicher Wandertouren und Laufstrecken. Beim jährlich stattfindenden Drachenlauf, einem sehr anspruchsvollen Naturerlebnislauf auf Trails und Waldwegen von ungefähr 26 Kilometern Länge, ist hier nicht nur einmal ein riesiges Seufzen zu hören. Wer sich fit genug fühlt, ist gerne eingeladen, daran einmal teilzunehmen.

Wenn die Seufzerbrücke erreicht ist, hat man meist schon ein gutes Stück seines Wegs hinter sich gebracht. Wer aber bei seinen Wanderungen genau hinhört, wird feststellen, dass die Brücke nicht der einzige Ort im Siebengebirge für ein munteres Seufzen und Ächzen ist. Fast jeder Berggipfel und jede Anhöhe, jeder Anstieg und jeder Aussichtspunkt lassen die Wanderbegeisterten mit dem Gefühl der Befreiung und Erleichterung seufzen.

- Seufzerbrücke, Ferdinand-Mülhens-Straße, 53639 Königswinter
- ÖPNV: Haltestelle Margarethenhöhe, ca. 1,5 Kilometer Fußweg

Blütenzauber

79 Die Moderne Blüte in Niederdollendorf

Es duftet! Beim Betreten der Modernen Blüte steigt einem sogleich der unverkennbare Geruch von frischen Blumen und Pflanzen in die Nase. Die Augen erfreuen sich an einem Meer von Farben. Schnuckelige Dekoration unterstreicht das blumige Gefühl, das sich beim Betreten dieses kleinen, aber feinen Ladens einstellt. Er ist gefüllt mit einem umfangreichen Sortiment an Pflanzen wie beispielsweise Saison- und Grünpflanzen, Stauden, Kräutern oder Beet- und Balkonpflanzen. Ob Valentinstag, Muttertag oder auch ohne bestimmten Anlass – in der Modernen Blüte wird jeder fündig, der Freude in Blumenform verschenken möchte, freundliche und fachkundige Beratung natürlich inklusive. Wer Fragen zur Pflege hat oder Tipps benötigt, wie die Blumen länger frisch aussehen, findet hier jederzeit ein offenes Ohr. Sonderwünsche wie beispielsweise für Hochzeiten oder andere Events werden kreativ, spontan und professionell umgesetzt. Ein Lieferservice rundet das Angebot ab und wird gerne genutzt, um seine Liebsten spontan zu überraschen.

Als gelernte Floristin war es für Inhaberin Regina Pieker schon immer ein Traum, ihren eigenen Blumenladen zu eröffnen. Vor über 16 Jahren hat sie sich diesen Wunsch erfüllt und liebt und lebt ihren Beruf bis heute mit Herz und Seele. Täglich werden auf dem Markt erworbene Blumen mit großer Sorgfalt im Laden dekoriert und nach den Kundenwünschen zu Sträußen, Gestecken und Kränzen gebunden. Dabei wird viel Wert auf eine hohe Qualität und Frische der Produkte gelegt. Wer mit ihr spricht, sieht an ihren strahlenden Augen sofort, wie sehr ihr die Arbeit mit den Blumen Freude bereitet. Auch ihrem dynamischen Team merkt man die Leidenschaft für die Tätigkeit an. Und diese Passion spüren die Kunden. Ob als Beschenkter oder als derjenige, der die wundervollen Werke verschenkt, glücklich werden sie alle. Eines kann man sich beim Besuch der Modernen Blüte sicher sein: Diesen kleinen, süßen Laden verlässt man mit einem Lächeln auf den Lippen.

TIPP

Ideal für einen Abstecher auf die Godesburg ist die Fähre von Niederdollendorf nach Bad Godesberg.

● Moderne Blüte, Heisterbacher Straße 43, 53639 Königswinter-Niederdollendorf, Tel. (0 22 23) 29 68 28, www.moderne-bluete.de

● ÖPNV: Bahnhof Niederdollendorf

Spuren der Vergangenheit

80 Das Siebengebirgsmuseum in Königswinter

Auch ohne funktionierendes Navigationsgerät kann man „das schönste Museum der rheinischen Weltausstellung“ in Königswinter ganz leicht finden. Dazu folgt man einfach den in der Stadt als Wegweiser aufgestellten Eseln und erreicht dann, etwas versteckt in einer Nebenstraße, die vom Rhein in die Altstadt führt, den Eindruck machenden Innenhof des Siebengebirgsmuseums. Erstmals eröffnet wurde es 1939, begründet 1927 vom späteren Heimatverein Siebengebirge, der auch weiterhin das Museum unterstützt. Alles Wissenswerte rund um das Siebengebirge ist hier mit viel persönlichem Engagement und Herz durch das Team zusammengetragen und organisiert worden. Schließlich werden diese kleinen und großen Schätze den Besuchern mit viel Liebe zugänglich gemacht.

TIPP

Den Museumsbesuch mit Siebengebirgswanderungen verbinden. Königswinter ist der ideale Startort.

Wenn man durch die Räume schlendert, kommt man unmerklich zur Ruhe und taucht vollkommen in andere Zeiten ein. Dabei sorgen die drei Hauptthemen „Rheinromantik“, „Rheinreise“ und „Spurensuche“ für ausreichend Abwechslung und einen tiefen Einblick in die Entstehung, Nutzung und romantische Idealisierung des Siebengebirges in der Vergangenheit. Hinzu kommen Wechselausstellungen mit verschiedenen Themen rund um das Siebengebirge. Das Museum bietet weiterhin historische Wanderungen, Stadtführungen und auch Schatzsuchen für Kinder an. Ein besonderes Highlight ist das Brotbacken im Steinofen, wo frisches Brot im historischen Königswinterer Backofen gebacken wird. Bei der Kostprobe kann man nach einem kurzen Vortrag über ein wechselndes Thema die entsprechenden Ausstellungsbereiche besuchen und dazu eine Weinprobe mit Weinen aus der Region genießen. Für jeden Geschmack ist etwas dabei.

Man sollte sich unbedingt auf dieses Abenteuermuseum einlassen, denn es macht Freude und ist viel mehr als nur trockene Geschichte. Und wer wollte nicht schon immer wissen, ob wirklich sieben Riesen das Siebengebirge haben entstehen lassen?

- Siebengebirgsmuseum, Kellerstraße 16, 53639 Königswinter, Tel. (0 22 23) 37 03 www.siebengebirgsmuseum.de
- ÖPNV: Haltestelle Königswinter Fähre oder Clemens-August-Straße

Bibliografische Informationen der Deutschen Nationalbibliothek
Die Deutsche Nationalbibliothek verzeichnet diese Publikation in der Deutschen Nationalbibliografie; detaillierte bibliografische Daten sind im Internet über http://dnb.d-nb.de abrufbar.

Konzeption/Satz: Droste Verlag, Düsseldorf
Einbandgestaltung und Illustrationen: Britta Rungwerth, Düsseldorf, unter Verwendung von Bildern von © Fotolia.com: jd - photodesign.de; © iStock: Plociennik Robert
Fotos: Ruth & Torsten Willitzkat, außer: Dani Niemeyer: S. 27; stock.adobe.com: S. 151 (HeinzWaldukat)
Textlektorat: Karola Neutze, Brühl

FSC www.fsc.org MIX Papier | Fördert gute Waldnutzung FSC® C011279

Druck und Bindung: LUC GmbH, Greven
ISBN 978-3-7700-2221-2

www.droste-verlag.de